大学教授の職業倫理

別府 昭郎

Berufsethik der Professoren

東信堂

まえがき

大学および大学教授についての関心が高まってきている。ＴＢＳテレビの『解決 アレって何？』で「大学教授に誰でもなれるの？」が取り上げられたり、フジテレビで『天才柳沢教授の生活』が松本幸四郎主演でドラマ化され、放送されたりしている。また、雑誌などでも、取り上げられたりするのも、関心の高まりと見なすことができる。

二〇〇四年、マスコミをにぎわしたのは、映画監督の北野武氏が東京芸術大学の教授になることが決まったときであろう。

ところで、大学は、研究機関であるとともに、教育機関でもある。本書は、どちらかといえば、教育に限定して、話を進めている。大学のもつ研究機能については、別に述べなければならないと思っているが、ここでは、主に教育機能について述べる。現代日本の大学において学生のことを考えれば、研究機能よりも、教育機能がおろそかにされているのではないかという判断があるからにほかならない。

さて、教育を、「個人が持って生まれた潜在的な能力を開発するための営み」と捉えようと、「言葉や風俗・習慣など人類が蓄積してきた文化を内在化することによって、個人を体系的に社会化することである。個人を社会に適合すべく統制していく作用である」と把握しようと、「個人がその経験を絶え間なく改造することによって、学習していくことである」と規定しようと、教育は「人間の行動や意識に影響を与える技術の一つ」であり、そのための「働きかけ」であるという本質には、まったく変わりがない。

学問を媒介にした「働きかけ」という点においては、大学教授はいうに及ばず、小学校教師も中学校教師も高校教師も、本質的に変わりはない。

本書で大学教授というばあい、教授はもちろんのこと、助教授、専任講師、助手、非常勤講師を含み、要するに大学の教壇に立っているすべての人々を総括的に意味している。しかし、ことの性質上大学に職を持っている教授・助教授・講師・助手のことが叙述の中心となっている。このことを、まず断っておかなければならない。

現代日本においては、大学教授になるには、教育実習もなく、資格もいらない。正常な大学であれば、ただただ学問的業績と教授会の意向（年齢構成、専門領域、人物評価など）によって、決められる。たいていの大学教授は、大学院時代に、授業の目的設定、ねらい、構成、展開過程、学生との想定問答集、授業の終結の仕方、教材の準備の仕方、授業観察や学生観察の仕方、次の時間の予告、授業評価の仕方などは学ばずに、その職に就いている。これが実情であろう。

したがって、大学の教壇に立ったとき、真摯な教授であればあるほど、とまどう。とすれば、かつて初等・中等学校の教師たちが養成課程や職務実践のなかで学んだことを、今や大学教授が学ばなければならない事態に直面しているといわなければならない。

本書は、私なりに、そうした時代の要請に応え、危機的状況にある大学教育を何とか活性化しようと考え、実践していることを書いてみたものである。個人あるいは自覚的な少数の人々による努力ではなく、大学や学部レベルで、あるいは組織全体で、大学教授にかかわる問題を考えたいとする願いを込めて、恥を忍んで、自分の考えを提示してみたものである。

私自身、大学の教師になって三〇年以上になる。この間、教育や研究、大学の運営に関わってきた。私が本書で提示したいのは、毒にも薬にもならない大学教授論ではなく、毒にも薬にもなる大学教授論である。歴史事実の重さに依拠しない、薄っぺらな思いつき的大学教授論と職業実践論は展開したくないと思う。

二〇〇二年五月現在、日本には六八六の四年制大学(国立九九、公立七五、私立五一二)と五四一の短期大学(国立一六、公立五〇、私立四七五)、あわせて一二二七の大学があり、四年制大学の学生数二、七八六、〇三二人、短期大学の学生数二六七、〇八六人、合計三、〇五三、一一八の学生が学んでいる。国立の四年制大学には、教授二〇、九六四人、助教授一七、一一一人、講師五、二九七人、助手一七、二七九人が在職している。公立大学では、教授三、六三二人、助教授二、六八六人、講師一、六一六人、助手二、八三一人、私立大学では、教授三五、六九九人、助教授一六、四〇五人、講師一二、九八四人、助手一七、四二〇人の教員がいる。さらに、短期大学では、国立の教授二〇一人、助教授一五九人、講師四一人、助手一二九人、公立の教授五二九人、助教授四六五人、講師三七七人、助手二八七人、私立の教授四、九三八人、助教授三、三〇五人、講師二、七五七人、助手八五〇人がいる。

これらを合計すると、二〇〇二年現在の日本には、教授六五、九六三人、助教授四〇、一三一人、講師二〇、二一四人、助手三八、七九六人の大学人がいたことになる。現在では、大学の数も増加しているし、専門職大学院も設置されたので、もっと増えているだろう。

この数字は、大学の大衆化は、たんに学生の大衆化のみならず、大学教授も大衆化していることを如実に物語っている。

たぶん「大学教授はこうあるべきだ」という万人が納得する確定的な答えは、これだけ数が多いのだから、容易には見つからないであろう。見つからなくても、私たち大学教授は、学生を相手として日々職業実践をしていかなければならない。とすれば、その時々で到達した考え、知恵、アイデア（格好良くいえば、思想）で、問題を発見し、問題を解決していく以外に方策はない。これが、現在の私の考えである。

本書を書くに先立ち、現在市場に出回っている現代日本の大学についての著作を、できるだけ手に入れ、ひととおり目を通してみた。私が手にすることのできた最も古い、大学教授に関する著作は、報知新聞社編輯局編『大學教授評判記』(河出書房、一九三五年)であった。戦後の大学教育論のはしりは、本多顕彰著『大学教授：知識人の地獄極楽』(光文社、一九五六年、カッパブックス)であろう。その後、本多は『自由国日本の大学教授』(実業之日本社、一九六六年、実日新書カルチュア七)を出版している。外国人の日本の大学研究者の手になるものとしては、ウィリアム・K・カミングス著、岩内亮一・友田泰正訳『日本の大学教授』(至誠堂、一九七二年)が最もよくまとまっている。

現在では、多様な著作者によるさまざまな大学教授論が出版されているが、それらは①大学の大衆化による学生および大学教授の大衆化、②社会における大学の機能の変化、すなわち教育機能の重視、③大学そのものに対する批判、を背景にするものとみなしてよいであろう。これら三つの要因はバラバラなものではなく、相互に関連していることは、容易に推察できる。

また、大学教授にかんする著作のなかには著者の知性や考え方が疑われるひどい物もあった。大学および大学教授を批判するのに性急になりすぎ、事実に即して客観的に大学教授の実態を叙述している著作は意外に少なかった。

それらの著作に共通しているのは、①個別問題についての鋭い指摘はあっても総じてスポット的で、約八〇〇年の歴史を持つ大学の歴史や大学組織全体、教授職そのものに目くばりした著作が見られないこと、②当然のことであるが、自分のポスト(学長や学部長など)における経験を基準にしてものごとを考える傾向が顕著であり、大学がなぜそうなっているのかその依って来る歴史的所以と関連づけているものが非常に少ないこと、③したがって、自己の経験や主張を、全体に相対化する視点が弱いこと、この三つのことを強く感じた。

これまで大学教授がとくに自分の教育経験について語ることはほとんどなかっただけに、自らの経験を語りはじめたことは、貴重なことではある。しかし、現実の方が先に進んでいて、自己の経験を語るだけでは現実に対応できない事態になっている。どうしても、それを、これまで大学(教育)について考えられてきた歴史や普遍的なもの(価値)とつなげて考えなければ、自己を相対化できない事態になっているのではなかろうか。

こういったことどもを念頭において、本書を書いてみた。自分の意見が唯一正しいという思い上がりはない。人間は、自分で思っているほど賢くはない。間違いや事実誤認をなくし、行動を間違った方向にとらないためには、自己と歴史的事実や異なった立場の人々と、多くの角度から、対話をしていくしかない。福沢諭吉の言葉を引用すれば、「多事争論」で行くしかない。

いまだ遠く著書を読むだけで面識はない『趣味は読書』や『文章読本さん江』『物はいいよう』(とも

に平凡社)などの著作がある斎藤美奈子氏に「ええい、こっちに貸してみな」の心境で書いていると揶揄されれば、否定すべくもないけれども。

にもかかわらず、「俺に貸してみな」と本書を公刊する気になったのは、前記のごとく、あまりにもつまみ食い的な大学論が多すぎるからである。その上、大学教授を巡る議論がスポット的ではなく、大学の歴史、大学組織、学部組織、養成、職務など多様な観点から行われることを願うからにほかならない。

私が相手どっているのは、大学教授個々人の言動などではなく、教授全体に共通する職業倫理全体である。個々の教授のいたいている職業倫理なるものを帰納操作して抽出されてくるものを教授の職業倫理全体と呼んでいいだろう。その職業倫理は、それ自体として取り扱いできる。また、ヴェーバーの「理念型」にならって、帰納された職業倫理に照らして、個々の教授の言動も判断できよう。

大学教授の最低の職業倫理は、自分の属している組織の仕事(後述)との緊張感を保ちながらも、誠実にこなすということ以外にありえないと思う。

なお、本書では、学習と学修という言葉を区別して使用していることを断っておかなければならない。学習という言葉は、高等学校まで、すなわち大学にはいるまでの勉強およびそれから得られる結果という意味で使用している。これにたいして、学修という言葉は、大学での勉強およびそれから得られる結果という意味で使用していることを断っておきたい。

目次／大学教授の職業倫理

第九章　大学教授の自己相対化のために——大学の歴史的研究のすすめ……181

大学教授の職業倫理

はじめに――何が問題なのか

現代の大学教授は、私立、公立、国立の別を問わず、研究の面においても教育の面においても大学運営の面においても、解決しなければならない実にさまざまな問題に直面しつつ、職業実践に携わっている。

ところで、大学教授が、日常業務を果たしていくなかで、つきあたる具体的問題は多様にある。本書の内容にそって挙げれば、大学とは一体何か、大学教授とは何か、大学教授の採用、昇進はどのように、いかなる基準で行われるのか、そもそも大学教育はどのような効用をもっているのか、大学教育はいかなる方法で行われているのか、大学教授の精神構造はいかなるものか、大学教授にはどのようなタイプがあるのか、大学の意思決定システムはどうなっているか、大学教授はどのような任務をもっているのか、また大学教授に求められる資質はどのようなものか、評価はどのようにして行われるのか、現在の大学教授の養成システムをどのように変えれば大学教育の質をあげることができるか、などなどである。これらはみな大学教授の職業実践にかかわる問題と言えよう。

これから、日常の職業実践のなかから自ずと生じてくるこうした疑問に、自分の専攻している大学史的事実と自己の職業実践との接点で取り組んでみたいと思う。私自身職業実践をしていく中で、どうしても大学および大学教授(師)についての考察を欠かすことができないと考えたからにほかならない。

ところで、現代の世界の動きは、ドイツの再統一、ソビエト連邦の崩壊、ユーゴスラビアやチェコスロバキアの解体、アルカイダ後のアフガニスタン、フセイン後のイラクという現実に象徴されているように、宗教や民族を異にした国家群の成立やキリスト教的価値とイスラム教的価値との激突という動向が顕著になってきている。これらは、宗教、民族や国家などの鋭い対立・抗争から調和・共生へと理想像(Sollen)を設定しなければならないことを物語っている。

理想像・当為(Sollen)の設定の一つの実例として、欧州連合(ＥＵ)の結成を挙げることができよう。欧州連合(ＥＵ)は、構成民衆のビザなしでの往来を保障し、共同通貨ユーロを発行した。これらは、国家の最も基本的な権利の一つである人間の行動規制権や貨幣鋳造権を一つにまとめ、共生すなわち社会的行為の関係性を重視する考え方を基礎にしたものである。近代国民国家が制度疲労を引き起こし、その規制力が弱まってきている証左とも言えよう。

これらの大情況を考慮に入れて、大学問題を考えてみるとき、どのような情況が見えてくるだろうか。世界の大学は、現在まさに変革の最中にある。

変革を促す要因は、大きく言えば、前述の世界の動きである。知的枠組みの転換を促し、これまでの縦割りの学問体系ではとうてい捉えきれない現象が次々と生起しているからである。

小さく日本の大学に限って言えば、少子化現象による一八歳人口の激減、不況および財政規模の縮小、カリキュラムの大綱化、大学間競争の激化、自己点検・評価および第三者評価の奨励、大学教授の任期制の導入、国立大学の独立行政法人化、大学運営からの国家の退場といった動きなどに象徴されている。

大学が競争的環境にあり、地球規模でものごとを考えなければならない現在、少なくとも日本の大学教授(師)の在り様を、複眼をもって見る視点を獲得することが不可欠である。

蛇足ながら、深刻ぶって、悲壮な顔をして「己だけが高し」といった偉ぶった態度で、以下のことを述べるのではないということを予め断っておきたい。

こういう厳しい状況にあるにもかかわらず、私の三〇年以上にわたる大学教師経験から言えば、日本の大学教授の大部分は自分の職業の本性や属性を知らないと言わざるをえない。大学教授が一番知らないことは、大学教授という職業についてではなかろうか。それは、専門職業と考えられているにもかかわらず資格(博士学位や教授資格およびそれを取得するための試験)がないこと、養成課程で自分の職業について、全く学ぶ機会がないことに起因している。

すなわち、大学教授とは、どのような歴史的背景をもった職業なのか。法的規定はどうなっているか。国立大学の教授と私立大学の教授は全く同じと考えてよいのか、違うのか。違うとすればどう違うのか。大学には自治や学問の自由が保障されているが、それは、いかなる歴史的事実をうけて形成されてきたのか、自治に法的背景はあるのかないのか。この職業の特性は何かなどなど。なかには、こういうことすら全く考えたことのない教授もいるだろう。

また、こういったことに無関心な教授は、大学の自治(教授の自由)も、狭い範囲の自己の経験でしか理解できないから、結局自分のエゴとみさかいがなくなってしまう。自己を客観化する訓練ができていないし、自己の経験を普遍的な意味と結び付けることができない。したがって、独りよがりになってしまう。

相対化し、普遍的意味と自己を切り結ぶためには、二つの道がある。一つは、同時代の他者(外国も当然含む)の経験と比較する道である。もう一つは、時系列的に歴史に学ぶという方法である。

本書では、現代日本における大学教授の在り方を時系列的に考察することを基本としつつ、他の国の大学教授の在り方と対比する方法をとりたい。

第一章　大学および大学教授とは何か

大学とは何だろうか、大学教授とは何だろうか。この問い対して答えるためには、大学は、歴史的実態として、今日までその命脈を保っているので、大学の歴史の中から解答を探るのが妥当なやり方であると思う。したがって、大学教授のあり方と大学の歴史とをみてみよう

1　大学とは何か

(1) おこり

大学(universitas, university, Universität)の歴史的源流は、一二世紀の中世ヨーロッパにおいて、自然発生的に成立したパリとボローニャの両大学にさかのぼる。大学は、バカラリウス、マギステル、ドクトルといった学位授与権のほか、交通、免税、講義停止などの特権をもつ「学ぶ者と教える者

との団体」(自治団体、ギルド)として発展していった。大学はローマ教皇(精神的権威)や神聖ローマ帝国皇帝(政治的権力)から特許状を獲得するのが通例であった。

近世以降、フランス、ドイツ、アメリカ、イギリスなどの大学は、それぞれの国で土着化しつつ、独自の発展をとげていった。かくして、たとえば、ドイツでは学部制やハビリタツィオンと一体をなす私講師制、イギリスでは学寮制やチュター制、アメリカでは私立大学や大学院制、市民のための大学というように、国ごとの大学文化圏のちがいが形成されて、土着化していった。

(2)日本の大学

日本における最初の近代的大学は、それまであった旧幕府時代からのさまざまな機関を統合して、一八七七(明治一〇)年に創設された東京大学であった。もともと日本の教育モデルは、フランスの学制であったが、次第にドイツモデルへと移行していった。東京大学は、一八八六(明治一九)年に、「国家ノ須要ニ応スル学術技芸ヲ教授シ及其蘊奥ヲ攻究スルヲ以テ目的トス」る帝国大学令により、法科、医科、工科、文科、理科の各分科大学からなる「帝国大学」に改編され、一八九三(明治二六)年には、講座制が導入されるに至った。

他方、慶應義塾、同志社、明治、早稲田などの私学は、一九一八(大正七)年の大学令により、名実ともに大学となった。

基本的に、日本の大学は、ヨーロッパ大陸の大学文化圏に属していたと言ってよいだろう。大陸には私立大学はなかったが、国立大学は言うに及ばず、私立大学の組織構造は大陸のそれと同じであった。大学は、ある時代のある国(文化圏)のなかにおいて成立する具体的実在にほかならない。したがって、時代と国(文化)の刻印を深くおっているものである。

戦後は米国の大学文化(単位制、一般教養教育など)が導入され、アマルガム・システムが形成された。日本国憲法で「学問の自由」が保障され(第二三条)、一九四九(昭和二四)年に新制大学が、一九五三年には、新制大学院が発足した。一九四七年に公布された学校教育法は、「大学は、学術の中心として、広く知識を授けるとともに、深く専門の学芸を教授研究し、知的、道徳的および応用的能力を展開させることを目的とする」(第五二条)と大学の性格を規定している。一九六〇年代以降は世界的に大学の大衆化が進行し、一九六〇年末には日本でも学園紛争が吹き荒れた。一九九〇年代以降は、大学の社会的機能が鋭く問題とされるようになった。

これに対応して、大学の側は、カリキュラム改革、自己点検・評価の推進、入試改革、教員の力量形成(FD)などの改革を推進している。政策的には教員の任期制や第三者機関の評価などが導入された。今日的課題としては、大学の統合や設置形態の変更が検討され、政策化されるに至った。その結果、国立大学は二〇〇四年四月から大学法人となり、教授は国家公務員ではなくなることになった。

現代では、国立私立を問わず、個別大学がいかにその独自性を発揮して、理念的・組織的・学問研究的・教育的に生き抜いていくかが問われている。

以上からも明らかであるように、大学はもともと「特権」をもつ団体であった。特権とは、いうまでもなく、他の団体は享受できないが、大学や大学を含む少数のギルドなどが享受しうる権利を意味する。大学は、「学位授与権」をもつ特権団体であった。現在でもその機能は基本的に変わっていない。

今日の日本では、いやしくも四年制大学は、学士の学位授与権は当然もっている。修士課程を設置している大学は、学士号と修士号を、博士課程を設置している大学は、学士号、修士号、博士号を授与することができることになっている。

(3)現代ドイツの大学

大学文化圏はその国の歴史と国民意識によって、異なってくると前に言った。日本の大学の特性を理解するために、参考までに現代のドイツの大学をかいま見てみよう。

ドイツの高等教育全体を連邦国家のレベルで規定しているのは「大学大綱法」(Hochschulrahmengesetz, HRG と略される)である。これに依拠して、総括的に説明すれば、ドイツにおける大学の法的地位は、国家官庁から強い独立性をもつ「公法上の社団」であって、給与は連邦から支給され(したがって国家公務員と同じ)、学長選任権、研究・教育の内容決定権、学位授与権、教授資格授与権、教授招聘権というような、伝統的なギルド的自治権をもち続けている。

大学の使命についての規定は明確である。「高等教育機関は、研究、教育、学修、継続教育を通じて、学術や芸術の育成と発展に貢献する。それは、学術上の知識や学術的方法を促進する職業的活動を準備するものである」と規定されている(第二条第一項)。

さらに、大学における学修の目標については、「教育と学修は、学生を職業上の活動領域にむけて準備させ、そのために必要な知識、技能、方法を各学修課程に応じて教授すること、学生が学術的、芸術的仕事ができるようにすること、また、民主的、社会的法治国家の中で責任ある行動がとれるようにすること」(第七条)と定めている。

これにより、ドイツの大学教育は、「学生を職業上の活動領域にむけて準備すること」、「学術的、芸術的仕事ができるように教育すること」、また、「民主的、社会的法治国家の中で責任ある行動がとれるように育成すること」という三つの本質的使命をもっていることが分かる。

以上から、現代日本の大学を定義すれば、端的に言って、学位授与権を有し、学問を媒介にして人と人が出会う高等教育機関を意味する。とりわけ学士、修士、博士という学位を授与する権能は、他のどの機関ももっていない。大学は、サークル活動の場でもなく、友人や生涯の伴侶を見つける場でもなく、あるいは政治的活動や宗教的活動の場でもなく、レジャーランドでもなく、第一義的には、学問的思考訓練の場なのである。このごく当たり前のことにことさら言及したのは、われわれ教授がこのことを共通認識として共有しておく必要があると考えたからである(参照：『明治大学史紀要』一一　一九九四、中村雄二郎「近代史としての大学史」)。大学が存在するのは、学問のためであって、就職や恋愛、楽しい人間関係のためにあるのではない。

これまでの叙述により、「大学とは何か」という問題についての共通理解は形成されたと思う。次に、「大学教授とは何か」という問題を考えてみることにしよう。

2　大学教授とは何だろうか

(1) 大学教授は大学の中心的構成要素

教授とは何かという問いに、まず大学の中心的構成要素であると答えたい。その理由は、言うまでもなく、大学を構成する人的要員は、学生・教授・事務職員である。主な任務は、教育と研究そして自らの組織運営の三つであるからである。医学部の教授には、教育・研究・マネージメントのほかに、さらに診療という仕事が加わる。まさに重労働といわなければならない。

大学に長期間留まり、教育と研究に集中的に従事するのは、学生でもなく、事務職員でもなく、教授(師)である。また、組織運営の主要部分、とりわけ教育と研究についての意思決定は、教授が担う。したがって、大学のあり方は、教授のあり方にもっとも鮮明にあらわれると考えてよい。学生は、大学の受益主体である。教授や事務職員から、サービスを受ける主体である。したがって、学生は、理論的には、事務職員から教育以外の大学生活にかかわるさまざまなサービスを受けることができる。また、教授から、教育・研究にかかわる知識や技能の提供を受けることができる。

しかし、「大学教授は大学の中心的構成要素である」と言ったからといって、学生や事務職員を無視している、軽く見ているのではない。このことは強く言っておかなければならない。M・ヴェーバーも言っているように、「兼職の形で大学の諸問題を管理する交替制の学長が、理事会に対して——事情によっては事務局員に対してすら——置かれている地位は」、「基本的にディレッタント的な性格を」もっており、永続的に任命された専門事務職員によって、実質的な仕事は行われているのである。「一方では大学教授団の虚栄心と、他方では官僚制の勢力関心とだけが、このような結論を引き出すことを拒んでいるにすぎない。しかし、事態は、必要な変更を加えれば、どこにおいても同じである」(『支配の社会学』第三章　第一〇節　没支配的な団体行政と代議員行政。一九〇～一九一頁)。このように、職員の組織内における力は隠然として強い。日本の大学においても事情は全く変わらない。

こういう事情は認めるとしても、大学の意思決定、とりわけ大学の中心的任務である「教育」と「研究」および大学運営にかかわる意思決定は、教授が中心となって行うことに異論はないであろう。

(2) 教授の身分、権利、義務

大学教授に聖人君子がなっているわけではない。人格高潔な人間ばかりの集団ではない。色々な出自、階層の人間がなっている。特別に民主的な人間がなっているわけでもない。金に汚い人間もいる。出世欲・名誉欲・権力欲の固まりみたいな人間も居る。大学は、「人間的な、余りに人間的な」人間の集団の一つであると言っても過言ではない。

そういう「人間的な、余りに人間的な」人間の集団でさえも守らなければならない掟がある。その掟が職業倫理ということになる。職業として大学教授になり、大学から給与を受けているのだから、最低限守らなければならないものがある。それが、職業倫理にほかならない。

最低限守らなければならない職業倫理と言っても、価値の多様化を前提としている立場からすれば、単一の原理で押し切るわけにはいかない。教育であれ、研究であれ、その内容の選択は、個人の自由にゆだねられている。したがって、職業倫理の問題は、好き嫌いや趣味の問題である以上に、思想の問題ではないだろうか。私は、職業倫理の問題は思想の問題だと思っている。

(3) 大学教授による職業実践研究の必要性

そうであるとすれば、大学が競争的環境にあり、地球規模でものごとを考えなければならない現在、少なくとも日本の大学教授(師)の在り方を、複眼をもって見る視点だけは獲得しなければならないと思う。そして、自己の経験と歴史的実態とを照らし合わせ、自分なりの大学教授像を作り上げ、職業実践していくための在り方と指針を得ることは最低限の職業倫理ではないかと思う。

大学教授の職業実践およびその周辺についてアプローチしていくための視点として、どのようなものが考えられるか。「大学教授の仕事の領域」、「大学教授の選任・昇進・停年」、「大学学問のもつ意義と大学教育の効用」、「大学における教育方法」、「大学教授の精神構造と型(タイプ)」、「大学の意思決定システム(自治)」、「大学教授に求められる資質・能力と評価」といった視点が考えられよう。これから順を追って述べていこう。

3　大学教授の仕事の領域

大学教授の職業実践を考えるにさいして、大学教授ひとり一人の仕事は何かという問題を、総括的に考えてみよう。

「大学教授の任務は研究・教育である」という見解には、誰も異論はないであろう。しかし、企業にも、研究所があり、新人教育や社内教育が行われている。したがって、この見解では不十分であると言わざるをえない。実はこのほかにもう二つ教授の任務があると私は思う。「大学自治（大学運営）への参画」と「社会的活動」である。

ボイヤーは、「教授の仕事は、別々の、だが重なり合う四つの機能をもっていると考えることができる」という説を提唱している。すなわちその四つの機能とは、発見の学識(scholarship of discover)、統合の学識（scholarship of integration）、応用の学識（scholarship of application）、教育の学識（scholarship of teaching)である(E・L・ボイヤー、有本章訳『大学教授職の使命——スカラーシップ再考』(玉川大学出版部、一九九六年)三九頁。Boyer, E. L., Scholarship Reconsiderd: Prioritics of the Professoriate, 1990)。

現代日本の大学教授には、教育、研究、大学運営への参画、社会的活動という四つの仕事の領域がある。主要任務である教育、研究、大学運営への参画について、ごく簡単に説明していこう。

(1) 教育

教育は、これまで蓄積してきた知識を伝えること、学問を媒介とした教授と学生とのコミュニケーションを通じて、行われる。

大学教授の仕事・任務の第一は、自分の専門としての学問を通じて、学生にものを考える知的修練・思考訓練を施すことにある。

教育という側面から見れば、教育とは一見関係ないように見える研究も、教授個人の知的修練の最前線なのである。大学教授の究極の任務は、繰り返し強調するが、学問を通じて、学生にものを考える知的修練・思考訓練を施すこと以外にない。

教育という営みの特性を挙げてみると、次のようになろう。

①教育という営みの本質は「働きかけ」であること

大学も教育機関である以上、知識・技術を媒介にした働きかけという点においては、小学校教師も中学校教師も高校教師も大学教授も、本質的に変わりはない。高等学校までの教師希望者が教育実習で学ぶように、授業の目的設定の仕方、各授業のねらい、授業の構成、展開過程、学生との想定問答、授業の終結のしかた、教材の準備の仕方、授業観察や学生観察の仕方、次の時間の予告、授業評価の仕方などを学ぶことを前提に、実習をするようにしたら、授業にたいする「学生の嘆き」（後述、第四章参照）はかなり減少するのではないかと思う。

②大学教育の特性は、学生の自立的思考を促すこと

大学の授業改革を提唱しているディートリッヒ・フォン・クバイス(ハンブルク防衛大学上級研究員)は、「とりわけ、教育(授業)の質は大学教師の経歴にとって、大きな意味を持つようになってきている、学修課程はより短く、より実践的になり、より国際的になる、大学の財政支援は、教育(授業)や研究、学修についての定期的な評価に依るようになる、この三つの変化が特徴的である。これらの改革によって、ドイツの大学は再び国際的水準になり、世界的名声を得るように努力するべきである」と、二一世紀の大学では教育の役割が大きくなってくることを主張している(別府昭郎訳『ドイツにおける大学教育の構造、諸問題および改革動向』)。

研究を重視してきたドイツの大学でも、近年教育のもつ重要性が強調されはじめている。

ドイツの大学にあっては、一九世紀の前半以降、「研究と教育の統一」は当たり前のことと考えられてきた。現実には、研究が常に最も重要視され、研究こそが大学教師の中心的な任務領域となってきていた。しかし、大学教師のキャリアと名声は、もっぱら学位の取得、教授資格の獲得、業績の出版などと研究業績面に重点が置かれ、ある人を講座に招聘するばあい、学問世界でいかなる信望を得ているかが決定的な基準であり、教育や学生の世話という教育上の業績は重視されてこなかった。

しかし、近年、教育の面が重視されるようになってきた。一九九三年、学長会議と文部大臣会議は、「教授資格の授与と招聘にあたっては、将来、教授能力と教育学的適性を考慮すべきである」という決議をしている。

それをうけて、ハンブルク大学では、「大学は、教育の促進について特別な価値をおく。したがって、(教授)志願者は、教育において相応の資格(能力)と業績を示すことが求められる」と定式化している。

多くの大学で教授能力を高めるためのプログラムやコースが作られた。ドイツの大学教授学施設の上部団体・大学教授学協会(AHD)は、大学教師の統一的養成のために推奨できる「教授能力向上」という総括的カリキュラムを作成した。その内容は、(1)教育と学修についての大綱的条件、同じく高等教育機関の外的諸条件：組織、運営、カリキュラム、キャリアなど、(2)教育と学修：方法能力、コミュニケーション能力および講義・ゼミ・演習におけるメディアの使用、(3)助言と試験：助言、試験、学生を世話する場合の社会的能力の育成、などである。明らかに、これらは、専門能力、社会的能力(学生とコミュニケーションし、交流する能力)、方法能力というように、教育活動を重視した大学教師の力量形成をねらったものと言えよう。

このように、ヨーロッパの大学でも、教育を大学の中心的機能として位置づけようとする動きが顕著に見られる。

(2) 研究

ここでいう研究とは、限定的な意味で使っていることを予め述べておかなければならない。研究は、ノーベル賞やフィールズ賞、京都賞を取るような超一流の研究業績のことを意味しない。もちろん、本当に才能ある研究者や大学教授は、そういう研究をするべきであると思うが。

したがって、ここでいう研究とは、大衆化した大学の教授が行う研究を意味する。いかに大衆化した大学の教授であっても、学生に教える、実験を継続的にする、知見を発信する、言語で表現するというようなことにおいて、なにがしかの取り柄、普通の人よりも優れた能力をもっていなければならない。そうでなければ、大学教授になる審査に合格して、採用されることはないであろう。ここでの「研究」とは、大学教授の存在の証として、教育の前提として行われる「研究」の意味で用いられている。

前述の意味において、研究は、新しい知見を発見・発明するために行われる。研究は教育の前提条件であると言ってよい。ベルリン大学の創設以来とくに「研究と教育の連合・統一」が大学の理念と関わって主張される所以である。

研究ができない大学教授は、詠わない詩人と同じく、存在意義がない。競争にさらされない情況のなかで養成され、研究室に残った人のなかには、大学内部の紀要や機関誌だけに論文(らしきもの)

を書いただけで、大学外部の研究誌やレフリーのある学会誌に書いた経験のない人も居ないではなかった。しかし、現在では、公募制や競争原理が少しずつではあるが導入され、情況はよくなりつつある。「ダメな教授のもとでは、ダメな後継者しか育たない」というのは、一つの法則のような気がする。研究のために、どういう思考訓練をしたらよいのか、一般的に挙げてみたい。

①問題の設定や問題発見の仕方を体得する。
②設定した問題や発見した問題は、先行研究や学会の動向に照らして妥当かどうかを判断する力量を身につける。
③問題に対応したデータ、史料・資料を収集する方法を身につけておく。
④問題に即して、集めたデータや史料・資料を解釈し、意味づける能力を形成する。
⑤解釈し、意味づけたものを文章化する。
⑥個々の文章を、全体構造のなかに、論理的かつ矛盾のないように、構造化していく。
⑦論文発表のばあいは、読んで分かるように、口頭発表のばあいは聞いて分かるように、文章を推敲する。

通常の研究では、こういうプロセスを文系・理系をとわず踏んで行われる。そのうえで、できあがった文章を今一度、(1)話しの運びに、飛躍や無理はないか、(2)事実・データの解釈の仕方は正しいか、(3)解釈と解釈をつなぐ論理は正当か、(4)事実やデータに立脚しない推論や独断をもとに立論していないか、(5)問題の設定、論の展開、結論という各部分は一貫しているか。(6)引用は、内容に即して、正しくなされているか、(7)新しい知見を提供しうる独創性、オリジナリティがあるか、などの視点から読み直してみる。こういう訓練は、研究者としては、当たり前のことであろう。学会誌の論文審査員をしてみると、こういう当たり前の指導がなされていない院生の投稿論文によく出くわす。

学問的思考訓練をベースにした研究は、学会発表にも耐えうるし、また、課程博士の学位も取得しやすくなる。近い将来には、ドイツのハビリタツィオンによる教授資格まではいかなくとも、大学教授になる者は、全員が博士号の保持者でなければならなくなると予想される。

もう一つの改善策は、大学における指導法の学修を前提とした大学での授業・ゼミナール等で実習をすることである。

近代大学の理念を提唱したヴィルヘルム・フォン・フンボルト(一七六七～一八三五)は、高等学問施設(大学とアカデミー)と学校(ギムナジウム)とを明確に区別することを強く主張した。学校は既成の知識を教え、かつ学ぶ所である。これに対して、高等学問施設は、「学問を、完全には発見されつくされていないもの、永久に発見しつくされることのないものとして」扱う場所であるからである。すなわち、高等学問施設は、学問を他の物のためでなく、学問として追求するからである。したがって、フンボルトによれば、大学組織の理念は「学問を学問として追求する」という純粋な学問理念でなければならない。

すなわち、フンボルトは、大学やアカデミーにおいては、「常に研究しつづけること」が学問に携わる者の務めであり、そこで施される教育は、自己修養を目的としており、研究も教育も「孤独と自由」(Einsamkeit und Freiheit) のなかで行われると言っている。

ここで述べた大学教授の任務や求めるべき資質は、長い大学の歴史のなかで形成されてきたものであり、高い理想や理念、達成不可能な目標ではなく、大学人としては、ごくあたりまえのことである。

教育が重視されるようになってきた現代の大学においても、こうした研究の意義は、軽視されるべきではない。大学教授になる前提条件は、やはり個人の研究能力が基本になると考えられている。

大学教授が研究成果の発表をするのは、通常のばあい著作かレフリー付の学会誌である。自然科学にあっては、外国の学会誌のことが多いであろう。

ともかく、たいていの良識ある学会は次のような趣旨の規定をもうけている。

「論文は未発表のものに限る。但し口頭発表、プリントの場合はこの限りではない。なお、投稿する論文と著しく重複する内容の論文を他の学会その他の機関誌や刊行物に投稿している場合は、本誌の掲載が決定した時点で他の機関誌その他への掲載を辞退しなければならない。また、他の機関誌その他での掲載が決定した場合には本誌への掲載を辞退しなければならない」。

二つの同じような内容の論文が異なる学会の機関誌や刊行物に掲載されるのは、研究者倫理にもとるからにほかならない。私は同じ内容をもつ論文を二つの機関誌に掲載した教授が現にいたことを知っている。

(3) 大学自治(大学運営)への参画

大学は、一二世紀ヨーロッパに発生し、ローマ教皇や神聖ローマ帝国皇帝によって特権を与えられた自治団体であった。したがって、教師や教授たちは、委員会の委員や学長、学部長を自分たちの手で選出した。教師団は、自らの仲間を自ら選び、自分たちが守るべき規則(学則)を自分たちで作成した。学部は、相互的に独立した団体として、大学を形成したが、教授案を作成したり、試験を実施するのは、学部であった。

また、大学は、法制的側面から言っても、税金の側面から言っても、「自由な空間」であった。その成員は大学独自の司法権の下にあり、税金を免除されていた。これらの特権の総体を「大学の自由」と呼んできた。

大学は、近代国民国家が成立するにしたがって、国家の支配権のもとに置かれるようになり、司法上の特権や経済上の特権を喪失していったが、自治団体的性格はかなり濃厚に残している。

現代の大学では、学長や学部長はその成員の選挙で選ばれるのが普通である。また、後継者を選ぶのもたいていのばあい、大学・学部の成員である。何をどのような方法で教えるかも内部で決めうる。予算の使い方も大学・学部で決めてよいことになっている。

今日では、このように、人、教授内容、予算の執行というような事柄が大学の自治の内実をなしている。大学教授には、組織にかかわるこのような事柄を担う責務がある。こうした責務を担わなければ、大学の自治は保障されない。一方では人事・教授内容・予算執行の自由を叫びながら、他方では組織運営を担わないのは、自己矛盾である。

(4) 社会的活動

生活の糧をえている大学での仕事をこなした上で、余力があったら学外での仕事を引き受けるという意味である。あくまで「余力があったら」の話で、組織にいる同僚を犠牲にして社会的活動をしなければならないという意味ではない。

このなかには、大学の外で依頼された講演を引き受ける、自治会やPTAなど地域の活動に参加する、地方公共団体や政府が設置する委員会の委員になることなどが含まれる。後述するが、カントが、「理性の公的使用」と呼んだのは、こうした社会的活動に対してであった。

ただし、カントは、「理性の公的使用」と「理性の私的使用」を比較したばあい、「公的使用」が「私的使用」の上位概念であるとか、逆に「私的使用」が「公的使用」の上位概念であると言っているわけではない。ただ、公と私という概念を転換して使うべきことを主張しているにすぎない。

4　大学と大学教授との関係

たしかに、近代社会における個人は、理念的には、農村共同体・教会・荘園などから解放され、自立した自由な人間として存立するようになった。しかし、近代になっても、実態は、所属する集団のなかでこそ、自分がなにものであるかという自己のアイデンティティを確認してきたのである（丸山真男「であることとすること」『日本の思想』所収）。

そう考えると、大学教授諸個人は、大学という組織（ギルドと言ってもよい）から全く規定されない、自立した自由な個人としては存在しえない。いかなる意味においても、大学という組織（ギルド）に、拘束されている。拘束されたくないならば、大学を離れるしかない。自由な自立した個人というのは、幻想にすぎない。学生(やその親)が納めた授業料を原資として給与をもらい、大学・学部の定めた規則・規約に従って教育・研究をし、内部のヒエラルキーにそって昇進する限り、大学に規定されていると言える。ただ、大学は、ほかの組織と比較して、存在の被拘束性がそんなに強くないだけにすぎない。

では、大学は、どのような条件を、教授に提供するのであろうか。コーザーの考えを基礎にして表現すれば、以下のようになろう(コーザー著、高橋徹監訳『知識人と社会』培風館、一九七〇年、三〇九頁)。

(1)大学は、教授に「知的環境」を提供する。知的環境とは、制約を受けることなく、研究でき、相互に知識を交換し合う環境のことである。このように、知的に切磋琢磨しあえる状況を、大学は、教授に提供する。

(2)大学は、教授に、定期的な報酬、固定した給与を提供する。貨幣経済が発達している現在、経済的な援助・保障は大きい。反面、教授の方は、週に何時間かを誠実に授業を担当する義務を負う。それとともに、大学の不可欠な行事や会議、入学式や卒業式、入試、教授会、全学集会などに、参加・出席する義務を負う。

(3)経済的援助の結果として、教授は、あくせくせずに、大きな研究テーマに取り組むことのできる状況を享受できる。

(4)大学は、教授に、自由な思考ができるように、そしてまた教授自身の興味関心に沿った自立的な研究ができるように、時間配分をシステム化してくれる。もっと明確に言えば、教授の都合のいい時間に授業をし、空いた時間を研究や授業準備に振り向けられるように、システムを作ってくれる。

(5)上記と密接に関係するが、大学は、教授に、学問研究の自由を提供する。

このように、大学は教授にさまざまな自由を提供し、教授もいくつかの義務を負うが、これらの事項と現代日本の大学の状況をつき合わせて考えてみると、どのような事実が見えてくるであろうか。敷衍して考えてみよう。

大学が提供する「知的環境」がいかに重要な意義をもっているかは、たとえば、立花隆・利根川進『物質と文明』(五三頁、一二〇頁以下など)をみてもわかる。大衆化した大学に、こうした知的環境が期待できるか否か、見解が分かれるところである。

大学は、固定給を提供し、教授の方は、授業義務や会議や儀式への出席義務を負うが、大学外の仕事があるからと言って、休講したり、無断欠席したり、遅刻したり、早退したりするのは、義務を果たしているとは言えない。後述する「公募制」は、こういう人間が多く採用される弊害もある。この弊害を防ぐ方策がとられなければならない所以である。

たしかに専任教授は、大きな研究テーマに取り組める状況を享受できるが、兼任講師・非常勤講師は、一定の固定給を受けたとしても、十分に暮らしていけるだけの固定給を受けないので、たくさん数をこなさざるをえない。結果的に、大きな研究テーマに取り組む余裕はない。取り組んだとしても、危険が伴う。

大学は、時間配分をシステム化してくれる。もっと明確に言えば、教授の都合のいい時間に授業をし、空いた時間を研究や授業準備に振り向けられるように、システムを作ってくれる。システム化した時間割が、学生にとって、都合がいいかどうかは、別問題である。

大学は、教授に、学問研究の自由を提供し、防波堤の役割を果たす。見方によれば、中世の荘園のような保護的役割を果たすとともに、その大学の規則や規律に従わなければならない。このように、保護し、規制するのが大学である。そういった意味において、大学は共同体的性格をもっている。

こう考えてくると、大学における教授の自由は、個人に無制限な自由を認めるのではなく、集団のなかで守るべき規律とルールを重んじる上で成り立つ自由ということになる。この自由があってはじめて大学教授の職業実践が成り立つ。

さらに言えば、大学教授は、大学外の人々や学生から人気をとる商売ではない。もちろん、人気がないよりはあった方がいいに決まっている。しかし、最も大切なことは、教育・研究・マネージメントという日々の仕事を地道にこなすことにほかならない。全く自分の用件で休講したり、必要不可欠な会議を休んだり、遅れてきたり、早退するごとき人間は、地道に仕事をこなしているとは義理にも言えない。とりわけ会議のばあい、本人が居ないと、他の人が役割をかぶったり、後で決定事項を連絡しなければならなかったりして、周りの人に、迷惑をかけるからである。

私個人は、大学と個人との理論的関係を、体験を通して、次のように考えている。大学に属する者は、教授、事務職員、学生たるを問わず、自己の属する組織(大学)を媒介としてのみ具体的存立の基礎を得ることができる。しかし、それだけでは、大学教授の在り方として、不十分である。個人は、自己の属する組織(大学)にたいして、絶えず批判的に見る自律性を保持する関係をもたなければならない。そうすることによってのみ、組織(大学)の伝統的形態に無責任に依存するのではなく、組織を時代に適合するように改革し、新しい秩序の形成に参画し、活性化することができるのである。

大学は言うに及ばず、官僚組織、大新聞社、大企業などの巨大組織の成員であると、組織の力が本来の自分の力であるかのような錯覚をもつ輩も出てくる。自分を特別な人間であるかの如き気分になって、組織の維持に不可欠な日常的業務を行わなくなってくる。かつては、その組織の一員になりたくて、入社試験や面接を受けたはずなのに。

生活の糧をその組織から得ているにもかかわらず、自分個人の力の方が組織の力よりも上位にあると思うようになったら、もう病気だ。

大学教授もその例外ではない。

第二章　大学教授の選任・昇進・停年

大学教授になる一般的コースは、学生↓大学院博士課程前期（修士課程）↓大学院博士課程後期（博士課程）↓助手↓講師↓助教授↓教授というコースである。その他、ジャーナリストから、外交官から、官僚から、高校の教諭から大学の教授・助教授・専任講師へというコースもないわけではないが、大勢ではない。おおかたは、一般的コースを歩く人々であり、その他のコースは、例外に近い。このばあい、選ぶための基準は何か、誰が選ぶのか、どういう形で候補者を募るのか、いかなる手順で候補者をしぼっていくのか、最終的にどのようにして決めるのか、誰が任命するのか、といった疑問が次々とわいてくる。

この問題は、選ぶプロセスと、任命するプロセスとに分けて考えた方が分かりやすい。もちろん選ぶプロセスと任命するプロセスとは密接に関係しているが、基本的に両者は別の事柄だからである。

1　大学教授を選ぶ方法

(1) 募る方法

あるポストが空席になる、あるいは増設されることになると、人事がおこなわれる。

独裁的な大学では、学部教授会や人事委員会にはゆだねられず、学長・理事長・総長が、二、三人の側近と相談して(相談しないばあいもある)独断的に決める。他の成員は、最終的に決まってから、掲示板や会議での紹介等で知ることになる。

合議制が定着している大学では、最終決定は、教授会や理事会という合議体でするとしても、それ以前の候補者決定には、二つのケースが考えられる。第一の方式は、公表せずに、その大学の出身者や非常勤講師のなかから選ぶ方式である。もう一つは、公募するばあいである。

第一の方式のばあいにも、学科会議で決めるか、人事委員会を構成して決めるか、学科会議よりも小さい単位で決めるか、それぞれによって、異なってくる。

小さい単位で決めると、どうしても、候補となる人物を直接指導した人物(教授)の意見が通りやすくなることはさけられない。しかし、候補となる人物を直接指導した人物(教授)が、その人のことを一番よく知っているかというと必ずしもそうとは言いきれない。その指導教授の下にいたが故に、学問的に伸びなかったが、他の大学の教授や研究会仲間と交流するようになってから、急速に伸びたという事例は多くあるからである。

また、小さい単位で選ばれた人間が、学会発表もせず、レフリー誌に論文も書かず、教育にも熱心でなく、鳴かず飛ばずという事例も数多くある（具体的に事例を人名を挙げて述べよと言われれば、いくらでも挙げられるが、個人情報にかかわるので、あえて挙げない）。したがって、指導教授の評価と他者の評価とはちがってくると考えた方がよい。

だから、一人の人物が評価するばあいと、できうるかぎり多くの人の目を通した評価とは、どちらがベターかは、後者の方に決まっている。多様な評価をすることが、客観的に保障できるからである。

したがって、一人の教授だけで、自分の後任や助教授や講師を採用する体制をとっている大学は、たいていのばあい、地盤沈下をおこしやすい。そのことに気がついたある東京の大学は、できるだけ、外部の大学から採用する方針をうちだした。

第二のケースは、公募である。これは、新聞とか学会誌とかＷｅｂ上などに公表して、教授を募るやり方である。このやり方にも二つのケースがある。

一つは、もうすでに採用される人が決まっているのに、公募という形式だけを整えて、「公募したら、〇〇名の応募があり、この中からこの人を採用することに決まりました」と教授会や大学評議会、理事会などで報告するためになされる公募である。「当て馬公募」とか「アリバイ工作公募」と呼ぶことができよう。これは、言葉の厳密な意味における公募とはいえない。

もう一つは、言わずと知れた「純粋公募」である。本当に、応募してきた人の中から採用する公募である。これには、募集学部（法学部、文学部、医学部など）、募集職格（助手、専任講師、助教授、教授）、担当科目（西洋法制史、文学概論、病理学など）、年齢（採用時点で、○歳まで）、採用予定年月日、応募資格、応募方法、締め切り年月日、選考方法（第一次審査：業績審査、第二次審査：面接など）、書類送付先、問い合せ先、その他の条件などが掲載されるのが普通である。

私の勤務する「明治大学教職課程教員募集要項」を一つの実例として挙げよう。Ｗｅｂ上でも公表しているので、本書に書いても問題はないと思う。次頁に、純粋公募の募集要項を掲載する。

(2) 公募制のメリットとデメリット

ここで、純粋公募のメリットとデメリットを考えてみる必要があろう。公募制（異花受粉）と内部採用・同系繁殖（自己の大学院で育った人間を採用する。インブリーディング Inbreeding と呼ばれる）の問題は、学問の面からと組織面から考えることができる。公募制（異花受粉）も内部採用（同系繁殖）の双方とも、学問面、組織面の双方から見て、それぞれに、長所と短所がある。

明治大学教職課程教員募集要項

2003年６月17日
教職課程人事選考委員会

1　募集職格：専任講師または助教授。
2　担当科目：教師論、教育基礎論、教育実習、総合演習など教職課程の基本的な科目を中心とする。
3　年　　齢：45歳以下（2004年４月１日の時点で）。
4　採用予定：2004年４月１日。
5　応募資格：①大学院修士課程修了以上の者で、教育上および研究上の能力がある者。
②教育実習関連業務を他の教職課程教員と協力して主体的に担い、コミュニケーション能力をもつ者。
③教育および教員養成に関心をもつ者であれば、専攻学問領域は問わない。
6　応募方法：下記の書類および研究業績を書留で郵送のこと（提出書類は原則として返却しない）。
①推薦状（Ａ４判１枚以内、ワープロ可）。
②履歴書（Ｂ４中折、市販のもの、自筆）。
③主要業績リスト（片面Ａ４判、横書き、ワープロ可）。
④主要業績３点（著書、論文抜き刷り、コピー可）。
※１点につき５部コピーを提出。
⑤小論文（Ａ４判、横書き、2000字以内、ワープロ可）。
※テーマ：現代教師教育の課題。
7　締め切り：2003年９月15日（当日消印有効）。
8　選考方法：第１次審査　業績審査。
第２次審査　面接（３名ないし４名程度）。
9　書類送付先：101－8301 東京都千代田区神田駿河台１－１
明治大学資格課程事務室気付
教職課程人事選考委員会（応募書類在中と朱書のこと）。
10　問い合せ先：明治大学資格課程事務室　菅野直行事務長
電話：03－3296－4188
FAX：03－3296－4187
（ただし、8月10日から16日の間は一斉休暇となる）。

なお、明治大学では、８学部（法・商・政経・文・理工・農・経営・情報コミュニケーション）で中学校・高等学校の教員免許状を授与している。

教職課程の教員は、文学部所属となり、３地区（駿河台・和泉・生田）での授業を担当することを原則とし、全学部の学生を教える。

①公募制の長所（メリット）として、以下の事柄が挙げられる。

（1）学問の面

・学問の方法や対象が多様化し、学問の幅がひろがる。

・学問的論争が盛んになる余地ができる。他流試合が大学内でできる。

・自分の大学出身者に学問的力量や競争力をつけなければならないから、大学院の研究教育が活性化する。

（2）組織の面

・教授と教え子という関係がなくなる（上下関係が希薄になる）。

・大学における人間関係が活性化する。

・学長・学部長を選ぶとき、自由に投票できる。

・組織が活性化する。

②また、公募制の短所（デメリット）として、以下の事柄が挙げられよう。

（1）学問の面

・いい意味での学統が維持されなくなる。

・学問の対象や方法が異なっていると、共同研究のプロジェクトがくみにくくなる。

(2)組織の面

・採用された大学での行動様式を知らないので、勝手に行動する人間が増える。
・入試や大学行事など全学で取り組むべき事柄に協力しない人間が出てくる。
・学科内や学部内において上下の関係がなくなるので、学内の秩序が保てなくなる。
・腰掛け(他大学に移る)を前提して、一時のポストとして採用される人が出てくる。
・勤務する大学への一体感(アイデンティティ)を持つ人が少なくなる。

③内部採用・同系繁殖の長所(メリット)として、以下の事柄が挙げられる。

(1)学問の面

・いい意味での学統が維持されていく。
・その大学の研究の特色が出しやすい。

(2)組織の面

・学問の対象や方法がほぼ同じなので、共同研究のプロジェクトがくみやすい。
・上意下達がやりやすい。
・対外防衛と対内秩序の維持はやりやすい。

②また、内部採用・同系繁殖の短所(デメリット)として、以下の事柄が挙げられよう。

(1)学問の面

・同じ対象、同じ方法で研究する傾向が強いので、学問の多様性や学生の要請に応えきらない。

・対象や方法が、屋上屋をかさね、変化(進歩)しない。

・他の方法や対象を知る機会が限定されるので、視野がせまくなる。

(2)組織の面

・同質な人間であつまり、異質な人間をはじき出す。

・組織に活力がなくなる。

以上のような長所と短所が、それぞれに考えられる。実際には、競争原理を働かす目的で、公募制を採用する大学が増加する傾向にある。とすれば、長所を生かしつつ、できるかぎり短所を減らしうる方策を考えて、実行していかなければならない。

その方策の一つとして、学長や学部長が、新採用の教員に対して、その大学・学部の歴史・伝統、学問の特徴・学統、教育方針、学生につけてもらいたい力量、および是非協力しなければならない行事などを、責任をもって伝えることである。これは、新任教師の首を締め上げてでも、蹴り上げてでも、責任もって伝えなければならないことがあると思う。

(3) 大学教員公募体験記

私の属する研究室では、一九九三年、教員公募を経験している。公募経験を私なりに整理して示せば、以下のごとくである。

公募するに先立ち、次のような事柄を研究室成員全員で合意事項としていた。

(1)退任する人は後任人事に関与しない。

(2)研究室の成員は誰でも候補者を推挙しうるし、決定に参加しうる。

(3)選考の過程は、次の順序で行う。

①以下の主な要因を考慮して、採用すべき候補者の大枠を決める。

a　研究上の能力

b　教育上の能力

c　教育実習、社会教育主事課程の実習を含めた研究室運営への協力性

d　専攻学問分野および教える科目

e　年齢

②論文審査に基づいて、各自が順位をつけて、会議にかける。

③各自がつけた順位について、討論する時間を十分にとる。
④各自が順位を説明したあと、必ず無記名投票を行う。
⑤一人づつ消去法により、候補者を絞っていく。
⑥一人減るごとに、討論を行う。
（こういう手順で、全員が納得のいく人物に絞っていく。）
⑦二、三人に絞った段階で、面接を実施する。

公募の内容は、次の通りであった。

公募することおよび年齢制限（四〇歳以下）を設けることを、まず研究室全員の会議で確認しあった。その上で、主任教授が、公募する領域、年齢、主要著作や論文、課題作文二問、このような条件をもりこんだ文章を作成した。それを研究室で検討・修正した上で、私たち教育学研究者の最大の学会誌である『教育学研究』（季刊）に掲載してもらった。問い合せは三〇件以上あったが、実際に応募してきた人は二三名であった。

二三名の論文と課題を研究室のメンバー全員分コピーを作り、全部よんだ。第一回目の会合で各自が五名の候補を選び、投票をした。そして全員の投票が多い順に五名に絞りこんだ。

その後、五名の人物を一人一人検討した。そのばあいの基準は、まずは、研究能力であり、論文

をした。

面接にあたっては、われわれ全員が名のり、専攻領域をつげることからはじめた。私たちには当たり前のことであったが、これは、異例のことであったらしい。主任がまずいくつかの質問をしたあと、各自が聞きたいことを聞く。このばあい、あくまで研究教育にかかわる事柄に限定し、プライベートなことは聞かないという合意をしていた。当然のことではあるが。

面接のあと三名から二名に絞るための投票をした。二名にしぼったあと、若干の議論をして、最終投票により、一名にしぼった。

年輩の教授の中には、しこりが残るから公募しない方がよいという旧い意識の人もいた。しかし考えてみれば、年輩の教授や主任教授が中心になって決めることこそより大きなしこりが残るというのが、私たちの意見であった。

全員が本音で検討した。議論の過程で、一人一人の学問観や教育観、人間観がよくでていて、相互の知られざる一面もわかって、相互理解が深まった面もある。

私は、これまでの学会誌のレフリー経験をもとにして、論文をみる視点を作成している。参考までに提示してみたい。自分ができるか否かは、一応棚にあげて考えてみる。
一　問題の設定は、先行研究や学会の動向に照らして、妥当かどうか。

二　全体の構成は、論理的で、無理や矛盾はないか。
三　論の運びに、飛躍や無理はないか。
四　事実の解釈の仕方は正しいか。また、解釈と解釈をつなぐ論理は正当か。
五　事実に立脚しない推論や独断をもとに立論していないか。
六　どのような文献やデータに基づいて、書いているか。
七　引用は、内容に即して、正しくなされているか。
八　問題の設定、論の展開、結論部分は、一貫しているか。
九　なにを、いかなる方法で、どこまで解明しようとしているかが明確か。
一〇　文章はよみやすく、説得的か。
一一　新しい知見を提供しうる独創性、オリジナリティがあるか。

全体として判断する基準として、私は以下の条件を設定していた。

(1)研究能力(学問的能力)はあるか。
(2)教育に対する能力と熱意はあるか。
(3)大学自治を担う意識はあるか(少なくともそういう問題意識をもっているか)。

（4）研究室全体の仕事を一緒にやっていく協調性があるかどうか。

上記のような条件を設定して判断した。

こうした選考をやると、余り研究成果をあげていないメンバーにも刺激になるし、またそれなりにあげているメンバーにとっても、学習効果がある。

他の領域の論文をよんでもわからないのではないかという議論もあるが、私はこれはまちがっていると思う。こまかいデータや事実はまさにそのテーマについて研究している人しかわからないことが多い。これは事実として認めてよい。極端にいえば、その人しか知らない。しかし、学問研究というのは、きわめて論理的な方法によって行われるものだから、この点については、特殊な領域をのぞけば、共通性が多い。説得力のある文章、論理的に論を展開していく仕方、問題設定の仕方、データのあつかい方、解釈の合理性、結論のだし方 etc、というようなことは、いやしくも学問（科学）を名のるかぎり、領域がことなっていても、相互にわかりあえる要素ではないか。

伝統的な講座制のシステム（教授、助教授、講師、助手）をとっていると、年齢構成の上から、いくら優秀でも、このシステムにはいりきらない人が出てくる。他方、他の大学から採用しないかぎり、できがよくなくても（無能でも）、このシステムの中にはいってしまう人も出てくる。このシステムにはいりきらない優秀な人は、どうしても他の大学にポストを占めることになるから、ある意味でバランスがとれる仕組みになっているといえよう。

通常、人事にかかわる選考過程は外部のマスコミにでることはない。人事にかかわる事項は、外に漏らすべきではないという意見の人が多くいるからである。

しかし、私個人は、その内容が事実に立脚していれば、外に出ても仕方がないという立場をとっている。実は、私自身が関係した公募人事が、当事者がしゃべって週刊誌に出たことがある（『週刊文春』二〇〇二年五月二三日号を参照）。

そこには、全く事実に反するウソ・デタラメが並べ立ててあった。のみならず、面接をした者たちをコケにする発言や応募した当事者（発言者）を必要以上に大きく見せる卑しい心根が透けて見える発言もあった。全く妄想とも言える主観的な想念を述べた部分もあった。エモーショナルな表現もあった。その発言をたかが週刊誌に掲載された対談記事だから、目くじらを立てるほどのことではないという意見もあろう。しかし、そこには、私個人の大学教授としての資質にかかわる発言内容があったので、無視するわけにはいかない。

この記事を完全な反面教師として、私は、次のような教訓を引き出した。

①自分を大きく見せるために、他人を貶めてはいけない。

②自分の身の回りに起こっていることを、客観的にとらえる能力が必要である。

③自分の頭で作り上げた主観的な「妄想」を、事実とつき合わせることなく、軽々しくしゃべってはいけない。
④伝聞と事実とを区別しないで、論を組み立ててはいけない。

以上のことを、逆に、この記事は教えてくれる(興味ある方は、面倒でも、バックナンバーをくって欲しい)。なぜいけないのか。その理由は、後に述べる知的誠実に反するからにほかならない。本人が直接体験した事実を、客観的に意味づける能力のない人間に、学問ができるわけはないではないか。

2　大学教授の任命

誰が大学教授を任命するのか。この問題は、歴史的に考えれば、大学の自治にかかわる深刻な対立を含んでいる。大学を設置している国家(国王や大臣、理事会など)が任命権をもつのか、学長や学部長が任命権をもつのかによって、人事の内実が変わってくるからである。

現代日本の国立大学では、教授は文部科学大臣が、助教授、講師、助手は学長が任命権をもつことになっている。

私学では、経営体の長、すなわち理事長が、教授、助教授、講師、助手などの任命権をもっているばあいが大部分である。合議制が確立している健全な大学のばあい、学科や教授会の決定人事がそのまま通ることが多い。人事委員会、学科や教授会は、専門家集団であり、そこで選択された人物は、信用するに値すると考えられるからにほかならない。

3　大学教授の昇進の諸類型

学部に採用された教師は、どのようにして昇進していくのか、昇進の基準はあるのかないのか、誰が判定するのか、という昇進にかかわる問題を考えてみたい。昇進が情実や義理に縛られないようにするために、たいていの大学では、内部規則を作成している。

たとえば、私の勤務する明治大学文学部では、助手二年(一回のみ延長ができる。したがって、最長四年)、助手が専任講師に昇格するばあいは、論文三本必要。専任講師が助教授に昇格するばあいは、最低三年の教歴と論文五本が必要。助教授から教授に昇格するばあいは、助教授歴五年と論文五本が義務づけられている。

私は個人的に、論文は、同人誌的な「学内紀要」(ハウス・ジャーナル)だけではなく、レフリー付きの「学会誌」に書かなければ、昇進してはいけないと考えている。レフリー付きの「学会誌」に一本も書かずに、同人誌的「学内紀要」に書いただけで、教授になる人間もいないわけではない。自己の研究能力を全く外部にさらすことなく、身内だけのジャーナルだけに書いて、昇進する人間は、レフリー付きの雑誌(学会誌)に書く能力がないか、トライする勇気がなかったか、安きにながれたかのいずれかであろう。そういう人間の昇格を許す同僚も、傷をなめあって生きていく仲間としか思えない。

もちろん、レフリー付きの雑誌(学会誌)のない学問領域もあると聞いているので、一概に律することはできない。このばあいは、ひとつひとつ論文に当たり、複数の人で判断をくださなければならない。

自分から「私のこれまで果たしてきた仕事は、教授(あるいは助教授)に値する。年限は規定を満たしていなくとも、昇進させてください」と言ってくる若手の教員が居ると、他大学の友人からも聞いたことがあるし、近くで見聞した経験がある。

私たちには、自分から昇進のことを言い出すことは、はしたないことだ、美徳に反するという意識があった。昇進は、自分から言い出すものではなく、他人が言い出してくれるものという意識はもう古いのであろうか。古いものがすべて悪いとは思えないけれども。

日本では、同じ大学のなかで昇進していくけれども、ドイツでは、ついこの前まで、昇進するには、大学を移らなければならなかった。これを、「同一学内招聘禁止」という。「同一学内招聘禁止」

は、一九九九年のＨＲＧ（大学大綱法）の改正で廃止されたが、その内容を説明すれば、次の通りである。

それは、助手や講師から員外教授（俸給表ではＣ３教授）、正教授（Ｃ４教授）、員外教授から正教授に昇進するときに、他の大学に移らなければならないことを定めた規定である。同一学内招聘禁止（ハウスベルーフンクスフェアボート）は一九世紀の後半にドイツの大学で定着してきたといわれている。それまでは、カントの例からも明らかなように、同一学内での昇進が一般的であった。それでは一九世紀に人事が実際どうやって行なわれたかという問題意識をもって、幾つか雑誌、またプロイセン文部省の官報にあたってみた。例えば一八四八年から四九年に大学関係の雑誌が出されているが、それによると員外から正教授の昇進がドイツ大学でごく普通に行なわれている。次に、一八五九年に第一号が刊行されたプロイセン文部省の官報によって少し具体的な数字をあげてみると、私講師より正教授に昇格した者が一八五九年のプロイセンの大学で三人いる。そのうちの一人は同一大学内で私講師から正教授になっている。それに驚くべき事実は、員外教授から正教授に合格した者が一五人いるが、そのうちの一〇人は同一大学における昇進なのだ（「理想」一九八〇年四月号、西尾幹二、天野郁夫、別府昭郎との鼎談）。

4　大学教授の停年

私学のばあいは、停年は大学ごとに異なっている。教職員組合があり、合議制でものごとを決めている大学では、六五歳とか六八歳とか七〇歳というように、きっちり規則で停年が定められている。これが普通である。

ところが、戦後創設されたいくつかの私学では、創設時にいたメンバーには停年はないが、それ以降就任したメンバーには停年があるという大学もある。なかには、創立者やその家族が理事長職や学長職を独占し、自分たちには停年を設けず、他のメンバーには停年を設けるという独善的な大学も存在する。

国立大学は、二〇〇四年四月一日から、大学法人になった。現在のところ、停年もそのまま維持されている。

東京大学では、移行措置がとられていて、いずれは六五歳になるが、今のところ六〇歳である。京都、大阪、など旧七帝国大学と一橋や東京工業大学、広島や筑波大学など、戦前から大学であったところは六三歳、戦前専門学校や師範学校であり、戦後大学になったところは六五歳が停年である。

東京大学で停年が延長される原因の一つは、かつては六〇歳で退職しても私学その他に再就職できたが、現在では、それが非常に難しくなっているという背景がある。そのほかに平均寿命がのびている、年金の支給年齢が上がるという事情もあろう。

私学の側から言えば、東京大学をはじめとして国立大学を停年で来た教授は、隠居仕事で来る傾向があり、とりわけ大学・学部運営にかかわる仕事を雑務として担わない人が多い。それならば、戦力になる若い人を採用した方がましであるという結論に落ち着く。そういう意味で、国立大学の退職教授の私学への再就職は、長い伝統をもつ私学ではあまり行われてはいない。

停年になると、教授全員というわけではないが、幾人かの教授は名誉教授の称号を受ける。各大学で、名誉教授に推薦する内規が作られていて、それに基づいて推薦される。

かつては、名誉教授は、年間になにがしかのお金をうけるとか大学院で教えるとか、特権を享受するケースが多かったが、だんだんそうした特権はなくなっていく傾向にある。

5　大学教授と人事交流のパターン

大学人の人事交流のパターンを、一般的に考えてみるに、以下のパターンがあろう。

①大学相互間の人事交流である。普通に行われているケースであるが、一定の法則があるようである。つまり、研究・教育条件のあまりよくない大学からよい大学へ、プレスティジの低い大学から高い大学へ、地方の大学から大都会の大学へ、と一般的に言って差し支えないであろう。もちろん例外もあるが。

②大学と官界・政界の人事交流も、最近ではまれではない。大学から官界へという人の流れはまれであるが、官界から大学へという流れは、たくさんある。それだけ、財務官僚、外交官僚、経済産業官僚たちの中には、大学でも通用する有能な人材があるのだろう。

③ジャーナリストが大学教授になるケースもたくさんある。新聞記者が退職後大学の教壇にたつ例は枚挙にいとまがない。

④会社員が大学教授になる例もある。この例は、理系の学部に多い。

⑤他のセクターの学校、たとえば、高等学校や中学校の教諭が大学教授になる例は、上の四例に比較すると、非常に少ない。

こういうように、人事交流のパターンを考えてみると、大学の方が圧倒的に輸入超過である。大学人のなかには、大学以外の組織で通用する人材が、それだけいない証左であろうか。

しかし、なぜ新聞記者経験者が大学教授になるのか、企業の研究所の研究員がなぜ大学に招聘されれば教授として赴任してくるのか、なぜ官僚経験者が大学教授になりたがるのか、こういう疑問も当然わいてくる。

理由はいろいろ考えられるであろう。俗な精神をもって、給与と社会的名声だけを求めてくる輩もあろう。知的職業にある者にとって、大学教授というポストに魅力を感じて来る者もあろう。

いずれにしても、大学および大学教授のポストは、まだ学外者を引きつける力があることは間違いない。

6　大学教員人事の病理的法則

大学教員の人事が病理的に行われるばあい、そこには、①同質化の法則と②縮小再生産の法則という二つの法則が顔をのぞかせる。

(1)同質化の法則

同じ大学の出身者、同じ考え方、イデオロギーや思想の持ち主を集める傾向がある。大学は、よほど気をつけていないと、異質な者、かわり者をはじき出す性向をもっている。そうすると、大学は同質の人間のみによって構成されるようになる。

(2) 縮小再生産の法則

講座制の大学(とくに旧制帝大や旧制大学)において、教授が助教授や講師を採用するとき、自分の言うことをよく聞く、反抗しない、自分よりも少し劣るものを採用したがる傾向があると言われている。その方が無難だからである。

第三章　大学教育の効用

1　学問のもつ意義

治療教育の過程は、前にも述べたように、学問の精神（アカデミック・マインド）への誘い・導入の過程でもあった。すなわち、「学問とは何か」を考えさせ、学問の精神に触れさせる過程でもあった。こうして、学生は、学問へ、知的修練へと導かれていく。

そもそも「学問とは何か」とは巨大な問いである。ここでは、とりあえずアリストテレス（出隆訳『形而上学』七〜九頁、岩波書店）の定義で満足することにしよう。アリストテレスによって、学問の祖型（アーキタイプ）が提示されており、その普遍的な性格が捉えられているからである。

アリストテレスによれば、学問とは、①普遍的なるものについての知識、②原因についての知識、

③伝達可能である(だから意識的に学ぶことができる)、④非実用的である、⑤閑暇とともにはじまる、以上五つの特性をもっている。これは、学問というものがもっている普遍的性格といってよい。こうした学問を身につけている人が知者・知恵ある者にほかならない。

実際には、われわれは、人文科学・社会科学・自然科学という専門の学問をつうじて学生に働きかけている。思考訓練を施している。こうした働きかけ・思考訓練を行うことによって、学生は学問の世界に導かれていき、その成果として「知的誠実」を獲得する。

アリストテレスは余りなじみがないという人には、福沢諭吉がよかろう。彼は、『福沢文集』(巻之二)のなかで、学問を定義して「学問というのは、たんなる物知りではなくて、『物事の互ひに関り合ふ縁を知る』ことだ」と言っている。学問は「物事の互ひに関り合ふ縁を知る」ことである。そうだとするならば、ものごとに互いに関わり合う縁を発見し、発信すればいいことになる。

2 近代科学

われわれは好むと好まざるとにかかわらず、二一世紀の今日に生きている。堯、舜、禹時代の中国に生まれたかったとか、徳川封建時代に生まれたかったとか、個人的な願望はあろう。しかし、幸か不幸か分からないが、私たちは近代思想と近代科学の支配的な時代に生きている。とすれば、近代科学はいかなる特徴をもっているのだろうかと問わざるをえない。

科学・学問は、正確な事実・データを収集することによってなりたつ。これは、常識であろう。かといって、正確な事実、データを収集し、それを叙述しさえすれば、科学になるかと言えば、そうではない。事実・データを集めただけでは何の意味もない。無限に多様な個別の事実や出来事、データをいくら積み重ねても「科学」にはならない。事実・データを帰納法を使って操作し、知見、結論をえなければ、科学とは呼べない。

では、どういう思考が不可欠であり、いかなる手続きを踏めば、科学としての性格をもつに至るのだろうか。

さまざまな事実を帰納して科学的な像を描くためには、「ものの見方」、「観点」がとくに大切である。すなわち、無限に多様な事実のなかからどれを取り、どれを捨てるかは、研究者自身が事実・データをどう見るか、どういう観点から見ているか、どれだけ重要性を与えるかによって、決まってくる。事実を集めただけの、観点のない純粋な帰納法では、科学的な像はかけない。

研究者の方で一定のパースペクティヴに立った観点をもっていない限り、全体の規定づけはできないし、個別の事実・データの選択もできない。研究者の側で問題意識をもって働きかけるから、見えてくるものがある。われわれ研究者が何らかの観点をもって働きかけるから、事実の位置づけもできるし、解釈もできるのである。

考えてみると、観点というものは主観的なものであって、それは、研究者自身の価値観や人生観・社会観に、大きく規定されている。観点の根底にある価値観・人生観・社会観の形成は、私たちひとり一人にゆだねられている。各自、自己の責任において、形成していかなければならない。

観点は、その人の価値観にかかわるので、ひとり一人異なっているし、また異なっているのが当然であろう。だから、極端なことを言えば、研究者の数だけ、観点はあるとも考えられる。実際には、かなり絞られてくるであろうが。

学生や研究者の思想の多様性を認識することは、思想の自由を認めることにほかならない。観点の多様性、思想の自由を認めることは、同時に、学問と人間性との分離、科学と価値観との乖離をも認めることにつながる。観点の根底にあるのは、価値観・人生観・社会観だからである。たしかに、現代の科学は、「学問と人間性は一応別もの」というオプティミズム(見方によってはペシミズム)に支えられている。したがって、マックス・ヴェーバーが『職業としての学問』において主張したように、学問は「真の実在への道」でもなく、「真の芸術への道」でもなく、「真の自然への道」でもなく、「真の神への道」でもなく、「真の幸福への道」でもない。われわれは、現在、いかに生きるべきか、何をなすべきかは、自分の責任において、自分で考え、決定しなければならない。観点の根底には、こうした考え・認識がある。

デカルトが出現してから、大きな問題をより小さな部分に分解して考えることが主流になってきた。科学の世界に限らず、分解されたいくつかの小さな問題を考察して答えを出す、その答えを総合して大きな問題全体の解答とするという方法が多く採用されている。この方法は、要素還元の原理と呼ばれている(デカルト、谷川多佳子訳『方法序説』(岩波文庫)、立花隆『ぼくはこんな本を読んできた』(文藝春秋、一九九五年)一四八頁)。

上に述べてきたことを要約して言えば、近代科学は、観点・アスペクト、実験・観察、帰納論理、要素還元方式という四つの代表的な特徴を持っていると言って間違いないであろう。

観点・アスペクトは、どの現象をどういう視点・アスペクトから見るかということである。このことを明らかに自覚していなければ、研究者とは言えない。

実験・観察は、考察素材となる事実やデータを収集するために行われる。歴史学であれば、史料発掘、史料批判が行われる。こうして、考察の素材となる事実やデータが集められる。事実やデータを学問的方法にしたがって、考察することによって、結論が得られる。結論が社会的に意味がある考えられれば、社会にむかって、発信(主張)されることになる。

科学的な主張は、「事実や実験データ、観察データに基づいてものを言う」、「事実、実験データ、観察データを基にして解釈・知見を組み立てる」ということに立脚している。主張が、事実やデータに立脚していなければ、合理的、科学的とは言えない。このばあい、事実やデータから結論を得るにあたっては、演繹論理よりも帰納論理が使われる。

とりわけ、自然科学の領域にあっては、「科学的合理性を基礎とする知識の生成と伝達」が第一の目的となる(三木光範『理系発想の文章術』講談社現代新書、二〇〇二年、七二頁)。

こう考えてくると、自然科学の領域でも社会科学の領域でも人文科学の領域でも、事実やデータをもとにして考察するということに関しては、同じであると言わなければならない。したがって、論文の構成は、自然科学の領域であっても、社会科学の領域であっても、全体の構造は、ほぼ同じと考えてよい。

たいていの論文では、自然科学・社会科学・人文科学を問わず、どの領域でもまず冒頭に「緒言・問題の設定」(問題の性質、問題の範囲、研究の意義、動機など)、次に「研究方法」(どういう機械や薬品を使い、どういう方法でやったか)、第三に「研究結果」(得られたデータや事実)、第四に「考察・議論」(研究結果の考察・検討)、第五に「結論」(考察の結果得ることのできたことで、それは、普遍的な性格を持たなければならない)というようになっている。そして、最後に「総括」がくる。最近では、英語論文の影響もあって、論文の文頭(緒言・問題の設定)の前に置かれることが多い。この論文が何を言わんとしているのかが、真っ先に分かる構成になっているのである(田中潔『実用的な科学論文の書き方』裳華房、一九九六年、追補第六版三刷、一一一～一一四頁)。

3　知的誠実

知的誠実の内実は学部・大学院における横尾壮英先生の厳しい思考訓練で知っていたが、それを「知的誠実」(intellektuelle Rechtsanschaffenheit, intellectual honesty)という言葉で言い表すのだということを知ったのは、渡部昇一著『知的生活の方法』(講談社学術新書、一九七六年、一〇頁、一三頁。ただし、渡部氏は「知的正直」という訳語を使用しているが、ここでは「知的誠実」という言葉を使う)であった。

渡部氏は「知的正直というのは、簡単に言えば、分からないのに分かったふりをしない、ということにつきる」と書いている。

後年この渡部氏自身が、田中角栄が逮捕されたロッキード事件にかんして、全く知的誠実に反する論陣を張って以降、この人の書物を全く読む気がしなくなった。現在も読んでいない。

では、「知的誠実」の具体的内容とは何か。それは、「分からないのに分かったふりをしない」というだけではなく、もっと厳密に規定すれば、次のことをいう。

①事実と事実でないことを明瞭に区別し、事実に基づかない議論をしない。

②他人の意見とそれについての自分の解釈、事実(出来事)とそれについての価値判断と　を明瞭

に区別する。この原則は、ある出来事と他の出来事のあいだにある論理的関係を発見するばあいにも、ある出来事の内部構造にかかわる事実を確定するばあいにも、妥当する。

③一つ一つの事例は全体の特性を表す鏡であるからと言っても、特殊な事例を挙げて、それを直ちに普遍化してはならない。あるいは一つないし二つの実例をあげて、それをもって全体を説明してはいけない。ただちに普遍化してはいけない。

④非常に複雑な要因によって成り立っている現象を、単純な命題によって説明してはいけない。

⑤自分にとって不愉快な事実をも、起こったことは起こったこととして、承認する。

したがって、M・ヴェーバーの表現を使えば、知的に誠実な人間(良心的教授、研究者)は、経験的事実の確定と、それにたいする価値判断(実践的な態度決定)とを、徹底的に区別するということになろう。

大学教育の目標は、専門的知識や技術(いかなる種類の知識や技術なのかという議論の余地はあるが)の習得とともに、知的な誠実さの獲得にあるといってよい。そして、この知的誠実さは、次に述べる教養と深く根底において連なっており、教養の重要な内実をなしているとさえ言える。

大学教授のなかにも、こうした知的誠実を身につけていない人がいるらしい。神奈川大学工学部の櫻井邦朋氏は、「大学で教授として働いていても、論理的な思考のできない人がかなり多くみられる。文章を読んでいて、いつの間にか、当人の意見が事実となって、次の段落から語られるなどといったものが、実際にかなり多いのである。推測からえられた結果は、あくまでも推測なのである。それが事実で証明されて初めて、正しい結論としてのべられるのである」と書いている(『大学の「罪と罰」』講談社、一九九四年)。

まことに世の中には、知的誠実という視点からみて、問題とすべき人物が多い。たとえばロッキード裁判批判における渡部氏、そしてまたオウム事件における大学教授(宗教学者)や評論家のように、その手の人物がマスコミで一時期幅をきかしていたのではないか。

彼らには、論理にしたがって客観的に対象を把握する姿勢、社会現象を批判的に考察する視点、自己の社会的発言にはどこまでも責任をとる倫理意識、こういう知的に重要な事柄が欠落していると私には思われる。そして、自分を被害者の立場に置こうとする。このような誤った議論が「知」の形をとって無数に横行しているのが実状なのだ。気をつけるべし。

立花隆氏が言うように、多くの誤った議論は、表面的にはもっともらしい顔をしている。「デタラメにちがいないのだが、一見どこにもデタラメを発見できない」ように巧みな工夫をこらして提出されている。

今の日本は、本当の知と偽物の知が混在しているというのが実状であろう。しかも、困ったことに、思いつきや経験・事実に検証されない偽物の知の方がマスコミをとおして勢いがよい。知的誠実の深さとマスコミへの登場度合いは、必ずしも比例しない。むしろ反比例するケースの方が多い。もちろん、比例する数少ない例外もあるが。これは、私見によれば、「知」の形をとった反知性主義、似非知とでも形容すべき状況であろう。

こうしたまちがった言説や議論の「誤りの核心部分を取り出して、それがなぜ間違い」であるのかを見抜き、それを鋭く批判し、反論を加えていく能力は、アカデミックな知的修練によって形成される。こうした批判的考察力を育成するところに、学問のもたらす積極的意義が認められる(参照:立花隆『ロッキード裁判批判を斬る』下巻あとがき)。

ここまで考えてきて、私は、教養教育の不可欠性・重要性を強調したアラン・ブルームを思い出す。彼は、「一般教養教育を受けた者とは、安直で好まれやすい解答に抵抗できる者」(菅野盾樹訳『アメリカン・マインドの終焉』みすず書房)と言っている。この言葉は、上に述べた「抵抗としての教養」にもかかわるとともに、本質的には、批判的思考力についての異なった表現であると考えて差し支えない。

とすれば、アカデミックな本格的思考訓練は、本当の知と偽物の知とをみわけ、誤った議論を批判し、反論を加えていく能力を育ててくれると断言してもよさそうだ。

学生たちが学問的鍛錬をつうじて、このような「知的誠実」をわがものとしていけば、本当に知的なものと、一見本物のような顔をして世間で通用している偽物の知とを、峻別できるようになろう。

「ことはそう簡単にいかない。余りにも楽観的にすぎる」という批判があることは十分に承知している。しかし、学生たちが「知的誠実」を自家薬篭中のものとし、本当に知的なものと偽物の知とを峻別できるように支援することは、大学教授としての最低限の仕事であることを、ここで再び確認しておこう。

こうした知的思考訓練の参考書として、スピノザ著、畠中尚志訳『知性改善論』(岩波文庫)、シエリング著、勝田守一訳『学問論』(岩波文庫)、M・ヴェーバー著、尾高邦雄訳『職業としての学問』(岩波文庫)、同じくヴェーバー著、松代和郎訳『社会学および経済学の「価値自由の意味」』(創文社)、齋藤孝著『学術論文の技法』(日本エディタースクール出版部、一九九八年)、そして立花隆著『ロッキード裁判批判を斬る』全三巻(朝日文庫、一九九四年)を挙げておこう。

4　知的誠実さに基づいた教授の役割

知的誠実が以上のごとき特性をもっているとして、われわれ教授は、どのような姿勢で授業に臨み、学生にどのような能力を形成すればよいのであろうか。M・ヴェーバーに依拠して、考えをのべよう。

①学生に、自分の価値判断(世界観)をふきこんではいけない。
　つまり、科学によって論理的に論証(証明)できないこと(実践的な態度、価値判断)を、学問(科学)の名において主張してはならない。

　しかし、「何が論理的に推論され、何が純粋に経験的な事実確定であるか、何が実践的な評価であるか」を、徹底的に明らかにする場合、教授は、教壇において、自分の考え・価値判断を話してよい。否、話した方がよい。その方が学生は教授のバイアスを知ることができるから。
②学生の思考力と理解力、事実間の相互関係を見抜く力(洞察力)を目覚まし、それを訓練すること。
③知識や技能、ものの考え方、事実操作の方法を授けること。

このように、学生に本格的な知的思考訓練を施すことが大学の使命にほかならない。

たとえば、民主主義について教えるばあい、M・ヴェーバーは次のように説明している。(『職業としての学問』岩波文庫、四九頁)。

a　民主主義のさまざまな形態を、客観的に列挙する。
b　それぞれの形態がもつ作用(働き)の違いを分析する。

c　それぞれの形態が社会生活に与える影響を確定する。

d　他の政治形態(君主制、独裁制、天皇制など)と民主主義を比較する。

e　こうして、学生たちが、民主主義(あるいは政治形態)について、自分の理想とするところから、自己の立場を発見しうるようにする。

このような客観的事実に基づいた考察を、たとえば、教育勅語体制と教育基本法体制、中選挙区制と小選挙区制、現行日本国憲法の基本精神と改憲派の主張、日本の政治体制とアメリカの政治体制、アメリカのイラク攻撃をめぐる賛成派の主張と反対派の主張、イギリス政府とＢＢＣの主張、イラク派兵をめぐる日本政府と野党の主張などなど、教育基本法改正論者と改正不要論者の考え方の相違など、学生たちに各自で試みさせればよい。そうすれば、かれらにとっての新しい発見があるだろう。

5　筆者の試み

筆者は、「教育勅語体制と教育基本法体制」について、以下のような比較図表を作成して、分かりやすくする試みをしている。

教育勅語体制と教育基本法体制の比較

項目	教育勅語	教育基本法
人間像	忠愛国の精神をもった臣民	平和的な国家・社会の形成者
国民教育の目標	勅徳精神の同質化	主体的・自主的人間の育成
思想的基礎	儒教、神道、皇国史観ヒューマニズム、ナショナリズム	自然法、人間中心主義・個人主義
基本的人権	全くない	生まれながらの人権が認められている
教育と学問の関係	国民道徳優先	学問（科学）的真理優先
国家観	家族国家観	自由主義的・民主主義的国家観
価値の源泉	天皇、国家	国民一人ひとり
時代背景	明治維新、西洋の文物の流入、自由民権運動、復古主義、国家主義、大日本帝国憲法	敗戦、占領、民主化、非軍国化、日本国憲法、農地開放、財閥解体
憲法との関係	教育勅語は大日本帝国憲法には則っていない。天皇から直接臣民に下賜された。	法律前文にあるように、日本国憲法の精神に全面的に則っている。

参考として言えば、当事の文部省（現在の文部科学省）は、「軍国主義時代における教育の特徴」を、①極度に全体主義的、②画一的で、形式に流れていた、③個人の尊厳と価値の認識に欠けていた、④軍国主義的、国家主義的傾向をもっていた、と要約している（出典：文部省調査局による「教育基本法趣旨徹底指導者講習会」の講演草稿一九四七年五月一五日）。

このように、アスペクトを設定し、その視点から視野にはいってくる事実やことば、現象を、あるがままに書き込んでいく。そうすれば、全体を見わたす見取り図ができる。これをもとにして、自分はいかに判断するか、どういう意見をもつかを考えていく。そうすることによって、学生が自分の頭をつかって、自己の責任において立場をきめうるべく、状況をつくる。これは、教授としての最低の任務ではないだろうか。

大学教育にかかわるこの種の問題を考えるとき、私はいつも「『アカデミックなものに対する闘争』が、現代大学の標語でなくてはならぬ」という林達夫の主張を思いだす（「十字路に立つ大学——困った教授、困った学生」『林達夫評論集』岩波文庫所収、六六頁）。たしかに、これまで述べてきたことは、学生をアカデミック・マインドの世界へと導いていく方策であった。

しかし、名にしおう反語的精神の持ち主である林達夫のことである。この言葉を、文字どおり受け取ることはできない。ふつうの意味で「アカデミックなものに対する闘争」を提唱しているのではあるまい。ひねって、反語的に言っているのではないか。

今のところ私はこう考えている。林達夫のような知的巨人はいざ知らず、大部分の日本の大学教授において、真の意味における「アカデミックなもの」が獲得されたことがあるのだろうか、と。「アカデミックなもの」が獲得されてもいないのに、それに対する抵抗などありえない。かえって、大学が大衆化した現代にこそ、ヤスパースのいうところの精神貴族主義的な真に「アカデミックなものを獲得するための闘争」を、教授も学生もしなければならない。

6 大学教育の存在理由

経済界からよく「経済状況の変化に対応して企業の期待する学生像も変わっていくのだから、大学も企業のニーズに応ずる学生を育成せよ」という趣旨の主張がなされる。これに対して、われわれ大学人は有効なアンチ・テーゼ、少なくとも大学人としての考えを提示できたであろうか。また、われわれは、大学教育の存在理由について、外部の人間を納得させうるだけの理論をもっているのだろうか。大学人のエゴではない議論を積み上げているのだろうか。

大学は端的にいって、学問(科学)を媒介にして人が出会う場にほかならない。法学者は法学的知識、思考様式(ものの見方)やリーガル・マインドをもって、物理学者は物理学的知識、思考様式や科学的精神をもって、文学者は文学的知識、ものの見方や感性をもって、学生に働きかける。学生はこのような働きかけを通じて、自己を形成し自己実現をはかっていく。教授は学問的思考訓練を学生に施し、学生は思考様式や知識・技能を獲得し、自己形成する場、それが大学にほかならない。このことは、非実用的学問においても実用的学問においても、基本的に変わりがない。

しかし、大学教育の目標や存在理由を一義的に定義することは非常に難しい。とくに、いかなる学生(人間)を育てるべきかということにかんして、大学人全体の合意をうることは至難の業であろう。

教育目標や理念は、教授個人ごとに異なっているうえに、学問領域ごと、大学ごとに異なっており、多様だからである。しかも、個々の総和がおのずと全大学および大学人すべての教育目標になるというものでもないからである。

では、大学教育の目標や存在理由をめぐる議論は無駄なのであろうか。そうではあるまい。現在、大学教授の力量形成(Faculty Development, ＦＤと略される)をめぐる議論は活発であるが、私見によれば、それは余りにも教授技術に偏している印象をぬぐいきれない。

大学教授に求められる基礎的資質の一つとして、「なぜ学生は大学教育を受けにきているのか、自分はいかなる力量をもった学生を育てようとしているのか、そのためにはいかなる指導理念・目標が不可欠なのか」という問いかけを絶えず行う問題意識が挙げられよう。

最終的な結論について大学人すべての合意をえられないとしても、このような問いを発し、考え、議論していくこと自体に意義があるのではないか。

企業の方にしても、業種によってニーズは違う。たとえば、ソニーとＵＦＪ銀行とソフトバンクの、学生に要求する能力は一致するのだろうか。

つい数年前まで企業は、「大学で色々教育してもらわない方がよい。企業のほうで教育するから。変に色がついていると、企業内教育がやりにくい」という趣旨のことを言っていたではないか。経済状況の変化に対応して企業の要請が変わっていくのは分かる。また、大学が社会的存在であり、社会的諸関係のなかにあることも十分認める。しかし、企業のその時々の要求に迎合して、教育目標・理念・具体的内容をめまぐるしく変える必要はないのではないか。大学は職業訓練学校ではないのだから。

大学は企業の下請け機関ではない。学問的思考訓練を基礎として、そしてそれを通じて人間形成をしていく場所にほかならないからである。

大学教育にこのような存在理由があるとすれば、その内実をわれわれが常に理論化し、共有財産化し、外部に対して提示できるものを作っておくことが最小限必要ではないか。少なくともその努力をしようではないか。それが、大学教授としての職業倫理というものであろう。その準備のないことが、鋭く問われているような気がする。

大学教育の存在理由を大学側が理論的に自己主張し、企業側の論理とぶっつけあうことによってはじめて、本当の大学教育の存在理由が確認できると思う。

7　教養の獲得

大学においては、たしかに教養の獲得が期待されている。アリストテレスも学問についての性格規定のなかで示唆しているように、教養は学問と切っても切れない関係にある。アリストテレスは、「知恵」、「知者」、「学問」について、以下のように言っている。

（1）われわれは「知者」をばすべての物事を認識している者と解している。ただしその意味は、かれがすべての物事の一つ一つについての個別的な認識をもっているというのではなくて、ただ能う限りすべてをというのである。

（2）困難であって人間には容易に知れないような物事を知るの能ある者、これを知恵ある者だとする見解である。けだし感覚的に知ることは、すべての者に共通したことであり、したがって容易なことであって、すこしも知恵ありとするにあたらないからである。

さらに、（3）いずれの科学［認識］においても、いっそう多く正確であり、また、（4）いっそうよく物事の原因を教えうる者が、それだけ多く知恵ある者だと解されている。

しかし、これら諸科の学のうちでは、（5）その学それ自らのゆえに望ましくまたその知ることそれ自らのゆえに望ましい学の方が、それのもたらす効果のゆえに望ましい学よりもいっそう多く知恵であり（訳文のママ）、また、（6）いっそう多く王者的な学の方が、これに隷属する諸学よりもいっそう多く知恵であると解されている。けだし知者は、他から命令される者たるべきではなくて命令する者たるべきであり、かれが他の者に服従すべきではなくて逆にかれよりも知恵の劣った者がかれに服従すべきであるから（アリストテレス著　出隆訳『形而上学』（岩波書店、一九六八、八～九頁）。

さて、前述の見解を、アリストテレス自身が解説している事柄を基にして、現代のわれわれが分かるように、書き直してみよう。もちろん、解説のすべての責任は私にある。

まず、(1)は、「すべての物事を知っている者とは、普遍的な事柄についての認識を高い次元でもっている者である。その理由は、すべての物事を認識している者は、最も普遍的な、基本になることを知っている者であるからである」と解することができる。

(2)は、「最も普遍的なことを認識するのは、人間にとっては最も困難なことである。というのは、普遍的なものは感覚からは最も遠くにあるからである。このような事柄を知っている者は、知恵ある者、知者と言うことができる」と解しえよう。

(3)は、「学問のうちで最も正確な学は、最も主として第一の事柄[第一の諸原因]を対象とする学問である。というのは、より少しの原理から出発する学問の方が、より多くの派生的・補助的な原理から出発する学問よりも、正確であると考えられるから」と解して間違いではないであろう。

(4)は、「第一の原因を研究する理論的な学問の著しい特徴は、教えうるということである。というのは、なにかを教えうる人は、教えることの個々について、その原因を語る人のことのできる人であるからである」と理解することができる。

(5)は、「知ることそれ自身のために知る、認識することそれ自身のために認識する。この特徴は、最も認識できるものを対象とする学問に最も多く具わっている。というのは、ただ認識することそれ自身のために認識することを選び望む者こそ、最も純粋な学問を最も真剣に望む者である、そしてこのような認識こそは最も認識可能なものを研究する学にほかならないからである」と解していいだろう。

（6）は、「諸学のうちで最も上位の位置の学問は、各々の物事がなにを目的としてなされるべきかを知っている学問である」という意味である。

さて、アリストテレスの見解にしたがえば、「知恵」という名称は、まさにこういう学問に与えられるべきであるということになる。すなわち、この学問は、第一の原理や原因を研究する理論的な学であらねばならないということにある。というのは、善とや目的も、原因の一種と考えられるかである。

このような見解をアリストテレスは「知恵」または「知者」について提示している。これは、教養についての古典的定義と言ってもいいだろう。

「教養とは何か」について語るには、永い大学の歴史において「教養」がいかにとらえられてきたか、戦後日本の大学教育改革において「教養の内実はいかに考えられ、いかなる位置が与えられてきたか」という問題とも深く絡み合い、「教養とは、――である」と簡単に定義して、答をだすことは非常に難しい。

加藤周一氏も最近の『世界』（二〇〇三年一〇月号）で、「『教養』とはなにかということですが、これを定義することはとても難しい」、「最近はそういう教養の概念が失われようとしています。ヨーロッパにおいても、どんどん後退した」とはじめに断った上で論を展開している。教養が死につつある理由として、加藤は、「現代においては、圧倒的に自然科学系統の知的訓練が大きな成果を生み、古典の教養は直接には何かの職業や技術の役には立たない」こと、および「北米やヨーロッパ、日本など、民主主義的な国、先進的な工業国では、高等教育が大衆に普及してきたこと」の二つを挙げている。

にもかかわらず、「教養の再生は必要である」と加藤は主張する。なぜだろうか。「どういう価値を優先するか、その根拠はなぜかということを考えるために、必要だからで」あり、「それがないと、目的のない、能率だけの社会になってしまう」からである。

立花隆氏は、「『教養って何ですか』『どうやったら身につくんですか』といったたぐいの質問を次々にする。(中略)そういう質問をすれば、私が『教養とはこういうものだ』とその場で簡単に説明してくれて、『こうすれば身につくよ』と、教養の速習法のようなものでも教えてくれるものと思ったらしい」と言っている(「東大法学部は『湯呑み』を量産している」『文藝春秋』一九九八年五月号、一八三頁)。

私自身も、上にのべた「非常に複雑な要因によって成り立っている現象を単純な命題によって説明してはいけない」という知的誠実の一原則に反することになるので、軽々しく単純な命題を提示することは避けたい気持ちもないではない。しかし、定義化して、職業実践をしていかなければならないので、ここでは、現時点で考えられる一応の結論を出して、話を前へ進めたい。教養についての説は、研究者の数ほどたくさんあると言っても過言ではない。

私は、教養についての定義は抽象的・包括的にならざるをえないが、できるだけ具体的に定義するとすれば、現代人に必要な教養として大胆に次のようなものになると考えている。ここでは、「抵抗としての教養」、「経験を改造する力としての教養」、「態度決定、判断力としての教養」、「情報を入手・選別し、消化し、意味づけ、発信する力としての教養」を挙げたい。これらは、私たちが、判断したり、行動したり、決断したりするときに、背景・根底に厳然として存在するものである。このような教養を身につけることは、現代における大学教育の重要な内実をなすと考えてよいであろう。

(1) 抵抗としての教養

これは、日常さまざまに生起する事態や政治家やいわゆる知識人と呼ばれている人たちの言動を、「結末を考えたときこれでよいのか。この言動は果たして正しいか」と立ち止まって考える力、能力のことである。

ハイ・テクノロジーやバイオ・テクノロジーの発達、臓器移植技術の進歩というような学問の技術化や学問の細分化は果たして人類の未来に幸福をもたらすのかという疑問を投げかけることは、抵抗としての教養の具体的な発現とみなしえよう。さらには、なぜ大学教育をうけるのか、なぜ外国語を学ばなければならないのかというようなアカデミック・マインドに対する抵抗さえ教養としてありうる。

こう考えてくると、「アカデミック・マインドへの誘い」と「抵抗としての教養」との関係は、アクセルとブレーキとの関係になぞらえることができるのだろう。

(2)経験を改造する力としての教養

私たちは日々実にさまざまな経験をして生きている。デューイが、「学習は経験の再構成である」といっているのは示唆的である。失敗経験もあれば成功経験もある。私たちが、最初はできなかったことをできるようになるのは、いくどかの失敗経験をもとに自己改造をはかるからである。自己を改造していく力は知恵と呼んでもよい。それは、他人からの借り物ではなく、自分の力で作りだし、自分自身に根ざしたものにほかならない。自分の経験をより高い次元へ向かって改造していく力、すなわち知恵は、すでに教養と呼ぶにふさわしい。

(3)態度決定、判断力としての教養

今日私たちは、さまざまな場面で「判断」をしなければならない。このとき問われるのが、事態を

いかにとらえ、判断し態度決定をするのか、ということである。事態に最も適合した判断をくだすには、単に物事を多く知っているだけでは何の役にもたたず、さまざまな知識を組み合わせて考え判断する総合的能力が要求される。これを「態度決定、判断力としての教養」と呼んでよいだろう。決断という言葉には清水の舞台から飛び降りるとか、二者択一というようなニュアンスがともなっている。たしかに、一つを選択すれば、どうしても他は捨てなければならない。このように、判断や決断をし、行動をおこすとき、その仕方はその人の教養に深くかかわっている。

戦後において一般教養教育の内容充実に努力し、功績のあった上原専祿氏(元一橋大学学長)は、一般教育の目的として、「自然と人生に対するある生活態度、精神態度の培養」を挙げているが、理論的には「態度決定、判断力としての教養」は根底において、このことと結びついているように思えてならない。

(4)情報を入手・選別し、消化し、意味づけ、発信する力としての教養

私たちは、新聞、ラジオ、テレビ、折込広告など、じつにさまざまな情報に囲まれて生きている。情報の洪水といってよい。よくノイローゼにならないですんでいるなと思う。人間は、幸いなことに、ノイローゼにならないですむ防御システムを生来身につけている。

しかし、高度な判断や少し込み入った複雑な思考をしようとすれば、意識的にであれ無意識的に

であれ（修練を積んでくれば、かなりの部分を無意識にできるようになる）次のような操作を行うであろう。まず、①必要な情報を読んだり聞いたりして入手し、選別する。次に、②過去の自分の経験やもっていた情報と新しく入手した情報とをつきあわせて、それぞれの意味・関連を読みとる。その上で、③直面している問題や事態を解決するためには、どの方向や選択がもっとも適当か、熟考し判断する。④発言したり、行動をおこす。⑤生じた結果を検討し、自分の考えを改良する。これを、サイクル的に続ける。

こうしたサイクルの過程は、学問的操作に不可欠であるだけではない。日常生活において時々刻々直面する問題を解決するにあたって、こうした操作を、私たちは行っているのである。

この操作を意識的かつ反省的に行うことによって、経験の改造力、さまざまな現象や他人の言説にたいする批判力、問題を合理的に解決する能力も育ってくると考えられる。

『知的生産の技術』や『情報科学』あるいは『ワープロ文章術』など類書が多数出版され、それなりに売れているのは、現代社会において「情報を入手・選別し、消化し、意味づけ、発信する力」としての教養が、無意識のうちに求められている証左と言ってもよい。

再び教養教育の不可欠性と重要性を強調したアラン・ブルームを引用すれば、「一般教養教育が存在するためには、そうした問題をたえず真剣に問いかけさえすればよい。というのも、一般教養教育は、答えのなかよりもむしろ、終わることのない対話のなかにあるからだ。」（菅野盾樹訳『アメリカン・マインドの終焉』、みすず書房、四二二頁)と言っている。一般教養教育を大学教育と言い換えても、そのまま妥当すると思う。すなわち、大学教授は、学問とは何か、大学とは何か、学生にいかに教えるべきかを問い続けていくべきなのだ。教育に限定して言えば、情報収集・伝達・思考・表現・コミュニケーション・相互理解の手段としての言語やコンピュータをどうすれば修得させることができるか、いかにすれば、問題発見能力、問題や論点を整序し、それぞれの次元で考える能力、問題提起能力、問題解決能力、コミュニケーション能力、組織力などの基礎的・普遍的能力をもつ自律的人間を育成することができるかを、問い続けることが肝要なのだろう。

しかし、最も根元的な問いは、問題を察知(発見)し、言語化し、他人が分かるように提示し、できたら問題の解決策をも考える能力、つまるところ発信(アウト・プットする)能力をいかにして大学教授自身のなかに形成するかということであろう。こうした能力を教授がもっていなければ、学生のなかに形成することは不可能であるから。

8　大学教育の効果

よく、「大学での学修は、実社会では役に立たない」と言う人がいる。その原因には、次の可能性が考えられる。

①本人が全く学修力がなく、教わった知識や技術を使いこなす能力に欠けているばあい。
②大学での専攻領域とは全く別の分野に就職し、大学で習得した知識や技能を使うチャンスがない。
③大学での学修が本当に、何の役にも立たない。
④本当は、深いところで役に立っているのであるが、本人が気がついていない。

以上のことが、考えられる。私の経験では、①と④のケースが多いのではないかと思っている。それにしても、なぜ大学卒業者を、会社員として、公務員として、教師として、採用するのであろうか。なぜ、高等学校卒業者、中学校卒業者ではいけないのか、という疑問がわいてくるのは当然であろう。そこには、大学教育の意義が漠然と前提されているのでないだろうか。大学教育の目的あるいは存在理由をあらためて規定すれば、次のようになると私は考えている。

大学教育は、特定の企業や団体のためのものではなく、公的性格をもつ社会全体のものである。とすれば、所属学部・学問領域や働く企業などに関わりのない、普遍的な共通の能力を育成することが、大学教育の重要な任務の一つとなる。それは、専門を支える教養と言ってもいいと思う。

大学教育の目的が「特定の企業や団体、国家のためのものではなく、公的性格をもつ全体のものである」とすれば、学生には全体に通用する基礎的力量が養成されなければならない。それは、現代社会や技術の諸問題を発見し、考察していく能力の育成を目指すことである。「大学は勉強の仕方を勉強するところである」という定義もある（立花隆）。具体的に言えば、自分をベースにして、グローバルな視点から考察する能力、すなわち、問題の核心を発見する能力（問題発見能力）、問題や論点を整序し、それぞれの次元で考える能力（合理的思考力）、問題提起をする能力（問題発信能力）、合理的な解決法を考えていく能力（問題解決能力）、解決のために人的ネットワークを組織したり、活動を展開しうる能力（コミュニケーション能力、組織力）などである。こうした基礎的（fundamental）かつ普遍的（general, universal）能力をもつ自律的人間を育成することが、大学教育の目的と自覚されてしかるべきであろう。

一言で言えば、発信（アウト・プットする）能力である。つまり、問題を察知し、言語化し、他人が分かるように提示し、できたら問題の解決策をも考える能力をもつ学生を養成したい。こうした学生は、公共社会において価値ある人材になっていくであろう。

したがって、大学は、問題を発見し、それを考察するために、情報・知識を収集し、自己の内部で消化し、組み合わせ（操作）、自己の論理で言葉にして発信する方法を学ぶところであると定義づけてもいい。勉強の仕方を学ぶことは、こういうことである。

第四章　大学教育の方法

大学における教育方法は、大衆化した大学の教授が絶対に避けて通ることのできない問題となってきている。今日でも、大学教授の意識の底には、いまだ帝国大学風の少数のエリートに教えていたのと同じエートス(精神的雰囲気)が流れていると考えた方が実態に近いのではないか。それは、大学教授の教育方法についての考え方に象徴的に現れているのではないかと思う。まず、学生の声を素直に聞くことからはじめよう。

1　学生の嘆き

ある大学の学生たちの声(嘆き)を聞いて、そこから問題をえぐりだしてみたい。これらの声が、すべての学生の声であるとか、すべての大学教授の授業が学生の声のとおりである、と言っているのではない。とは言え、これらの声は、われわれが大学における教育方法について考えるとき、進むべき方向を示してくれるであろう。

①「一年間、予備校に通っていましたので、どうしても大学の授業と予備校の授業を比べてしまいました。大学教授の授業は整理されてなく、わかりにくい専門用語を解説なしで多用するので何が言いたいのかわかりませんでした。さらに黒板を使わず、単調な話し方でたらたらと授業をするのですぐに眠くなりました。さらに予備校講師と比べて大学教授は(お忙しいとは思いますが)授業に対する熱意というものが感じられませんでした。」

②「まず話をわかりやすくするために具体例を多くあげてほしいことと、声を大きく、できれば学生に向かって話しかけるように講義してほしいです。
　また、僕は怠慢な性格なので、教授の言っていることをノートにとるのはめんどうなので、教授は、授業の内容を整理して黒板に書いてほしいです。最後に教授は、面白い授業をしなくてもいいので、熱心に授業をしてほしいと思います。熱意が伝われば、やる気のある生徒はついていきます。」

③「どの授業をみても、教授が生徒の興味・関心などを無視して一方的に講義を進めている傾向がある。ほとんど独演会になってしまっており、教授と生徒が対話を通して考えを深めていく

ということがない。大教室で大人数を相手にしての授業ならば仕方ないが、人数が少なくてもそうである。教授は如何にしたら生徒の興味を喚起できるかに留意し、生徒と十分なコミュニケーションをとりつつ授業を進めていくべきだと思う。」

ここには、大学教授の授業にたいする批判と要望が混在しているが、それらは、メダルの表と裏の関係になぞらえることができる。

まず、批判点を要約して、取り出してみよう。

①「わかりにくい専門用語を解説なしで多用する」
②「何が言いたいのか要点がよくわからない」
③「単調な話し方でだらだらと授業をする」
④「授業に対する熱意が感じられない」
⑤「教授が学生の興味・関心などを無視して一方的に講義を進めている傾向がある」
⑥「教授と生徒が対話を通して考えを深めていくということがない」

つぎに、要望点を要約して、取り上げてみよう。

①「話をわかりやすくするために具体例を多くあげてほしい」
②「大きな声で学生に向かって話しかけるように講義してほしい」
③「授業の内容を整理して黒板に書いてほしい」
④「教授は如何にしたら生徒の興味を喚起できるかに留意してほしい」
⑤「学生と十分なコミュニケーションをとりつつ授業を進めていくべきだ」

こういうことを強く訴えている。

これらの事例は、われわれ大学教授に、痛烈な反省を促す。そして、やはり大学教授も教授技術について、本格的に勉強しなければならないという気持ちにさせる。学生(の保護者)と大学は、大学が入学を許可し、学生が授業料を支払った時点で、責任をもって教える・教えられるという契約関係に入ったと見なされる。

にもかかわらず、なぜ、学生が嘆かざるをえないような授業が、堂々と行われるのか。大きな理由の一つは、日本の大学教授は、養成のプロセスで、いかに教えるか、いかに学問を媒介にコミュニケーションをとるかという教授学的な訓練を全く受けないことが挙げられる。

もう一つの理由は、教える訓練を全く受けないことと密接に関連しているが、自分を教育者ではなく、研究者と自己規定している大学教授が多いから、伝達・コミュニケーション・動機づけの熱意に欠けているのである。

授業の下手な教授ほど「君たちが僕の授業を理解できないのは、要するに君たちに理解するだけの力がないからだ。ぼくは悪くない」と放言したり、半分以上休講にしたり、全くわけのわからない自己満足的な授業をする傾向は否定できない。

したがって、分かる授業をするのが、大学教授としての職業倫理だという考えがない。だから、たいていの学生を悩ませる授業を平然とするのである。

では、いかにすれば、われわれは、自分の教えるべき教育内容を、学生が受け取りやすい形で提示し、伝えればよいのか。このばあい、日本の大学教育の現実に即して議論を展開したい。外国のFD(力量形成)関係の著作を翻訳紹介して、能事終われりとする時代は過ぎさった。われわれの抱えている大学教育の現状に立脚して、われわれの実践的能力を形成していく方向を提示すべき時期にきていると判断してよいであろう。

2　学生の多様化と大学教授の教育責任

大学で教育方法をどうして考えなければならないのかと、多くの大学教授は、反論するかも知れない。大衆化した大学では、大学教授は、教育方法を考えなければならない事態にきているという認識を持たなければならないと私は思っている。

なぜ教育方法が重要視されねばならないのか。とりわけ、それは、これまで学生が受けてきた教育、はっきり言えば受験をめざした学習からの脱却をはかるとともに、学生がこれまで学習してきたことを大学教育に誘う治療教育としての、積極的な意義があるといわなければならない。しかもそれは、「学問への誘い」と裏腹の関係にある。つまり、導入教育は、これまで学生が受けてきた教育、はっきり言えば受験において陥った病理現象(健康な部分は十分に活用しながら)を治療しつつ、大学における知的修練へと治癒させる任務を担っているのである。

大学進学率の高まりにより、受験科目しか勉強していない学生、知識や視野の限定された学生、画一化された学生、学修意欲のない学生が大学に入学してくるのは避けがたい。大学教育は質的に変容せざるをえない。すなわち、大学教育の多様化、訓練重視の学校化ははじまっている。教授の力量形成(ファカルティ・ディベロップメント、FD)が叫ばれること自体がそれを証明している。言葉を代えて言えば、一九世紀、二〇世紀に作られた大学システムが、大衆化の極相に達している現在、有効性を喪失し、機能しなくなってきていることを物語っている。高等学校の補習、教授の力量形成(FD)の強調、大学の学校化、学生の基礎的知識や言語能力のバラツキなどは、ポスト大衆化のシンボルと言えよう。

大学の授業はいかにあるべきか、自分は分かりやすい授業をしているか、学生とコミュニケーションをとっているかなど自己反省を迫る本であると同時に、大学の授業で何が可能か、新入生・学部学生・大学院生のそれぞれの発達段階に応じた授業はどういうものかという大学教育システムすべてについて考えなければならない。

教育にかんして考えるべきことがらは、授業の目的と内容、シラバスと授業案、学生観察、機器の使用、学生参加者の意識、授業評価という多様なアスペクトである。

教員免許を取得する学生は、「真摯に学生に向き合うこと、学生の興味をかき立てること、自分の授業に対して反省的であること、教授どうしの連携に向けて互いに手を伸ばしあうこと」というようなしごく当たり前の活動を挙げている。この種のことは、学修の過程で習うイロハにすぎない。これまで、大学教授は真剣にこういうことに取り組んでこなかった。

大学以下の下級の学校における教育活動は、久しい以前から、確たる方法をもって展開されてきたし、また教育方法を形成する意識的な努力がなされてきた。しかし、大学における教育活動について、方法論は形成されてこなかった。今日、大学教育を方法論的に完成することおよびそれについての科学的知識を集成することが要請されている。したがって、実践的にも理論的にも、大学教育学(Hochschulpädagogik, akademische Pädagogik)の構築が時代の要請となっている。

3　学生を精神的・肉体的・経済的破壊から守る方策

大学教育への導入は、学生が精神的にも肉体的にも経済的にも安定して生活できるように、われわれが働きかけることからはじまる。具体的に言えば、カルト教団や霊感商法、ネズミ講というように、学生を精神的・肉体的・経済的にスポイルしてしまう危険にたいする対処法を自覚させることからはじめなければならない。

本来、これは、大学教育の領域ではないと考えられるかもしれない。しかし、さにあらず、カルト教団や霊感・霊視商法、ネズミ講などの、一見するともっともらしい、しかし本当はいかがわしい誘い文句や宗教的表現、トリック・騙しのテクニックなどを見破り、論破する能力・批判的思考力を培うのは、まさに大学教育の重要な任務以外のなにものでもない。

各自の人生の質そのものにかかわる事柄について、学生が独力で的確に判断する能力を形成できるように手助けすることは、教育の、あるいは教授の最低限の役割と断言してまちがいない。いかがわしい宗教団体や霊感・霊視商法や詐偽的商法に学生たちが惑わされやすい今日的状況のなかでは、とりわけこのことを強調しておかなければならない。

このようなことを主張する前提として、しごくあたりまえのことではあるが、日本国憲法の精神に則った「精神の自由」、「良心の自由」、「信教の自由」や教育基本法第九条の「宗教に関する寛容の態度及び宗教の社会生活における地位は、教育上これを尊重しなければならない」という規定は、遵守されなければならない。

では、学生が精神的にも肉体的にも経済的にも安定して生活できる、大学を知的な意味で楽しめるという目的のために、われわれ教授はどのような働きかけをすればよいのか。また、学生はいかなる心の準備をすればよいのか。思いつくままに列挙してみよう。

①アンケートや誘いにはのらない。たいていのばあい、下心がある。住所や電話番号は絶対に言わない、書かない。

②本体や本当の団体名をかくして接近してくる人や団体には警戒を要する(健康料理・食品、ヨガなど)。

③背後に何か影、得体の知れないものがみえるから、もっと霊能の高い人に見て貰いましょうというのは警戒を要する。

④お金やお布施をしなければ救われないというのは本当の宗教ではない。本当の宗教であれば、お布施をしなくても救ってくれると考えるくらいが健全である。

⑤肉親や愛する人との関係をたたないと、解脱しないという教えは、自然の理に反する。

⑥拉致・監禁などで自由意思を拘束して、マインド・コントロールをする団体は要警戒。
⑦薬物を使用するのは、すでに宗教ではない。
⑧世紀末にはこれまでも終末論が盛んであったが、地球は滅びなかったという事実を思え。
⑨複雑な人生問題を、単純明瞭に割り切って説明する人や団体には、警戒を要する。

まだ他にもたくさんあるが、主なものを挙げてみた。このような団体は、まずだまそう、引きずり込んでやろうという固い決意をもって活動しているのだから、教授各人は自己の経験と良心や信条に基づいて、学生がスポイルされてしまう危険から自己防衛できるべく働きかけをする責務があると思う。

基本的かつ示唆的な参考文献として、次の三冊を挙げておく。

①スティーヴン・ハッサン著、浅見定雄訳『マインド・コントロールの恐怖』一九九三、恒友出版株式会社(とくに第六章は、実践的で応用がきく)。
②浅見定雄著『新宗教と日本人』一九九四、晩聲社。
③川上和久著『情報操作のトリック』一九九四、講談社現代新書。

4　大学教育への誘い

なぜ現在において大学教育への誘い（大学導入教育）が重要視されねばならないのか。とりわけ、これまで学生が受けてきた教育、はっきり言えば受験をめざした学習であった。それからの脱却をはかるとともに、学生がこれまで学習してきたことを大学教育に誘う治療教育としての積極的な意義があるといわなければならない。しかもそれは、「学問への誘い」と裏腹の関係にある。つまり、導入教育は、これまで学生が受けてきた教育、はっきり言えば受験において陥った病理現象を、健康な部分は十分に活用しながら、治療しつつ、大学における知的修練へと治癒させる任務を担っていると言っても過言ではない。

では、高校までの学習あるいは予備校における受験勉強と大学における学修との相違をいかに把握すればよいのか。一つの考察素材として、次のような図式を考えてみた。これは、極限形態において表現したので、実際には相互にいりまじっている。だた、総体的にいえば、こういえるという理念型と考えていただければ幸いである。

次頁の表で示したように、大学教授の重要な任務は、学生の思考様式を注入型学習から自己開発学修へ、知識習得型（情報受容型）から知識生産型（情報放出型）へ、再生産（反復）型から創造型へと変

高校までの勉強	大学での学修
覚えることが中心（記憶中心）	考えることが中心（操作中心）
他人より教えてもらう	自ら学びとる
与えられた問題をとく	自分で問題を発見し、解答をみつける
注入型学習	自己開発学修
受動的	能動的
知識習得型（情報受容型）	知識生産型（情報放出型）
再生産（反復）型	創造型
画一的	多様
答は1つ	答は複数もしくは、ない

換すべく、意識的に働きかけることにある。こうした働きかけを意識的にすることによって、学生を大学における学修が可能な状態に導くのである。

学生がこれまで受けてきた教育の弱点をありていに挙げよう。

本や参考書を覚えてそれを試験のときに、蚕が糸をはき出すように書くことが勉強であると考える習い性がついている。書物のなかに真理・真実があり、勉強とは書物を読んでそれを発見することであると信じている。先生や教えてくれる人がいて、その人が作ってくれたカリキュラム、レールにしたがって学修していけば成功すると思っている。したがって、自分の身のまわりで生起する出来事や自然現象を感知し、自己の経験や素朴な疑問をもとにしてそこから考えをめぐらし、展開し、発展させていくことができない。まずもって、素朴な疑問さえもてない、感受性の摩滅した学生がいることも事実である。

学生たちがこれまで作り上げてきた信念や習性、思考様式を完膚なきまでにたたきつぶすことが、治療としての導入教育の役割である。

そのための方策として、たとえば、五〇〇とか一〇〇〇というように、できるだけ多くの学問的問題をつくらせてみるのもよいかも知れない。

明治大学の創設者の一人であり、初代校長を努めた岸本辰雄は、「元来真の学問とは他人より授けられるべきものに非ずして、自ら学び得しものならざるべからず」(「明治大学の主義」明治三六年の演説)と、自己開発学修の重要性を力説している。

教授が強力なショックを与えるような働きかけをすれば、学生の方は、大学における学修は高校までの勉強とは質の点で決定的にちがっていること、大学における学修は問題発見型の自己開発学修であること、大学は学問的訓練を通じて自己を形成していく場であることを実感として理解する。否、理解させなければならない。そうすれば、学生は、こうした学修に対応できるように、自己改造を自覚的に行う。逆に言えば、われわれ教授は、学生たちが自主的に自己改造できるように側面から援助する責務がある。教授はおさおさ怠りなくそのための準備をしよう。学生の教育が、大学教授としての第一の存在理由なのだから。

5　大学における教授法

教育内容や受講生のレベルを考えて、必要な変更を加えなければならないが、コメニウスが『大教授学』で述べていることを参考にして、以下「教授学上の主要原則」、「教材配列の原則」、「学修形態」について述べよう。「大学の教授がこういうことを考えなければならなくなってきているのか、嘆かわしい」という悲嘆の情を抱く人もあろうが、大学の大衆化のもたらす事態は、ここまできているという現状認識をもたなければならないと思う。

(1) 大学における教育の原則

大学における教育の原則として、教授の原則と教材配列の原則の二つがある。それぞれについて述べよう。

①教授学上の主要原則として、次の事柄が考えられる。

(1)やさしいものから難しいものへと教材を配列し、学生が無理なく階段を登るように、学修していけるように配慮する。

(2)学修内容にたいして動機づけをする(興味・関心をもたせる)。
(3)概略的説明から個別の具体説明へと入っていく(一般論から各論へ、大枠から細部へ、略画から密画へと説明する)。
(4)教育機器を利用して、学生の全感覚にうったえる。
(5)直接に事態・問題状況・困難に直面させて、経験させる。学生自身が問題を解決する場面をつくる。

②教材配列の原則としては、次の2つが考えられる。
(1)経験学修(学生の興味関心を基礎に、学生の持っている能力を開発する、引き出すように働きかけるやり方)
(2)系統学修(学問の論理に従って、学生に働きかけ、教えていく)

もちろん、一つだけでは十分な成果を挙げることが期待できないので、教育内容や学生のレベルや興味関心にあわせて、組み合わせていく必要がある。この工夫は、自分でやってみる他はない。自分でやるという向上心と意欲が不可欠である。

(2) 教授形態

教育は、すでに述べたように、働きかけと考えてよい。働きかけにはいかなる形態と方法があるのか。この問題は、一九六〇年代以降、大学が大衆化し、大学の数や学生の数が増加しただけでなく、大学教授の数も増えたことから、大きく前面にでてきた。すなわち、旧制大学の時代と比較して、大学の授業についていけない学生とよくわからない授業をする大学教授が格段に増えたのである。これは日本だけの現象ではなく、アメリカもイギリスもドイツもフランスも直面している問題である。

さて、授業の形態は、自然科学、人文科学、社会科学などの学問領域によって、そしてまた教材によって、教授形態は多様に考えることができよう。ここでは、主要な形態のみについて述べる。

教育方法は学生の能力形成に対応している。たいていの大学で採用されている教育形態について述べておこう。いまさら挙げるまでもなかろうが、敢えて挙げてみると、①講義、②講読、③討論、④演説、⑤ゼミナール、⑥実験、⑦実習、⑧メディアを利用した授業、⑨論文指導、こういったものが考えられる。

以上のものが主なものであろう。これらのなかから主な形態について具体的に述べておこう。

①講義は、大学が発生して以来採用されている古典的な授業形態である。この形態は、教授が多

くの学生を前にして、すでに知られている学問体系や知識を組織的・計画的に教示するのに適している。

教授は、講義において、どういう順序で教材を組み立てれば学生は分かりやすいか、導入や展開・終結という授業のプロセスをいかにつくるか、などを考えなければならない。

単に専門知識を教えるだけではなく、ローカルおよびグローバルな視点から学生たちに興味をもたせ、なぜだろうとさらに自律的に考えていく授業、魂に点火する授業をめざす。そのためには、スライド、ビデオ、テープレコーダー、コンピュータ、インターネット、実演などのさまざまな補助手段を駆使する必要がある。

②講読には、史籍講読や外書講読などがある。これは、学生に原典にふれさせるという意味がある。教授は、自分の担当している領域の中で、どういう史籍もしくは外書が適当かを判断し、どう読ませるか、どういう能力をつけるかを考える。

③ゼミナールは、たいていのばあい、二〇ないし三〇名の学生が参加して行われる。討論や演説の練習をするのに適している。

討論は、あるテーマについて自由に論を立て、立場を明確にして、論を戦わす。すなわち、参加者の一人が、定められたテーマについて短い報告をし、それについて教授の指導の下で議論をしていく授業形態である。

演説は、あるテーマについて、学生が言語化し、レトリックを使い、聞いている他の学生に説得的に発表する授業形態である。教授は、テーマの決め方、言語化の仕方やレトリックの使い方など、事前の相談に乗ったり、その場で指導したりする必要がある。

参加者のひとり一人が、自分が発見し設定したテーマについて、短い報告をし、教授の指導の下で、それについてこまかく議論をしていく。これにより、プレゼンテーション能力やディベートの方法を学ぶ。参加者の視野が広がり、不明な点も浮き彫りになる。

こういう経験を積むことによって、学生は視野を広げ、不明な点を明らかにし、知識を獲得するとともに、学術的な討論能力を伸ばしていく。

たとえば、法学においては実際的な事案の解決、経済学においては統計学的な課題、哲学においてはテキストの解釈というように、学生は学術的方法を応用して、具体的な実践的な課題を成し遂げるように指導される。こうした授業形態においては、学生自身の報告の構成力や表現力、さらには問題解決能力、思考力、実践力などが試される。

このばあいの教授の役割は、報告の準備の段階で学問の約束ごとに従って発表ができるように的確なアドバイスをしたり、報告について意見がでなかったとき、意見を引き出すための働きかけをすることである。学生に、レベルの高い報告をする力や問題解決能力、説得的な構成力がないと嘆き、手を抜くのは職務怠慢以外のなにものでもない。

筆者が研究生活を送ったドイツのミュンヘン大学では、コロキウムと呼ばれるゼミナールの高度化したものが行われていた。これは博士学位の取得希望のコースと考えてよい。当然、報告や議論の内容の水準も高くなる。担当教授のほか、助手、博士号取得者などが参加して、非常に活発な学問的討論が行われており、知的刺激に満ちていた。

④実験は、主に自然科学の領域で採用されている形態である。物理実験や化学実験、機械実験などがある。

⑤実習は、学生に実際に現場を体験させて、自己発見、自己獲得、自己創造させることをねらいとしている。これは、大学では見せられない教材を現地につれていって経験させるものである。学生たちは、現地での自己の経験をベースにして学問的感覚を磨き、問題を発見し、それを定着させ、考察することができる。経験の改造に最も適した教育形態である。地理学や考古学、教師教育などの学問分野において、確立された教育の仕方となっている。

実習を行うにあたっては、十分な知的・心理的身体的準備をし、綿密な作業計画を作成し、うまく実行されるように意を用いなければならない。たとえば、調査旅行も実習の一つといえよう。これによって、大学内では見せられない教材を学生に提示することができるし、実践的経験をさせることができる。多大な教育効果をもっている。地理学実習、海洋実習、解剖実習、農業実習、教育実習などがある。

⑥卒業論文は、教授の指導のもとで、テーマを設定して、学生が自力で書き上げる論文である。大学教育の主な目的は、学生が学術的作業を独力でなしうるように力をつけること、学問的な問題解決能力を開発することであるから、まさに卒業論文は、この目的にピタリである。

学生たちの身近な環境やグローバルな視点から、問題を発見させることから始まる。学生自らテーマを確定し、書物や実験などからデータを集め、整理し、主題にそって考えていき、表現し、指導教授の前で発表し、試問に答える。学生は、獲得した知識を学問の世界で独力で応用することを学びつつ、卒業論文を作成する。

この作業における教授の任務は、限られた時間のなかで確実な結論に到達しうるようなテーマを設定しうるように、相談にのることであろう。また、必要があれば、資(史)料を提示することもあろう。

質の高い論文を作成するには、最終的には、学生の思考力にまつほかはないが、執筆の過程において、常に学生の相談に応じ、討論することが肝要である。

論文作成の過程では、言語能力やコンピュータ能力が必要になろう。こうして、学生は学術的作業を独力でなしうるように学問的に訓練される。

教授のアドバイスの仕方や質が、学生の論文の出来具合に直接かかわってくることも否定できない事実である。

⑦メディアとは、ＶＴＲ、ＯＨＰ、コンピュータなど、教育内容を学生に伝達する機材を意味する。これらの機器を使った授業・模擬体験は、講義、ゼミナールをはじめとして、あらゆる授業形態で、活用しうる。

大学が大衆化した現在では、スライド、ビデオ、テープレコーダー、コンピュータ実演などのさまざまな補助手段を駆使して、授業を活発化し、分かりやすくし、豊かにする工夫がつよく求められている。

ただ、スライド、ビデオ、テープレコーダー、実演などは、なにを目的として見せたり聞かせたりするのか、どのようにして見せるのか、見せる前に学生にいかなるレディネスを作っておくか、見せた後どのような質問をしてフォローするか、こうした本質的事柄について教授の方でしっかりと考えておかないと、見せっぱなし、聞きっぱなしということになりかねない。

もう一つ忘れてならないことは、ビデオやスライドなどで見せたものは、疑似体験であって、本物の体験ではないことである。見たり体験したつもりになったとしても、本当に見たり体験したのではないということである。教授者は、この点を心しておく必要があろう。

このような教授形態は、教授内容、聞き手、場所など情況に応じて千差万別である。教授個人の性格、教育内容、学生の興味関心などを考慮して、選択されなければならない。

最後に、授業形態でなく、教授領域の問題に属するが、とりわけ「言語教育」について述べておこう。言葉の学修は、読む・聞く・書く・話す力量というように、とくにコミュニケーションに深く関わっている。言語教育においては、単に外国の文化や言語を身につけるという教養の問題だけではなく、社会的行為の関係性の構築に欠くことのできないコミュニケーション能力の育成が重視されなければならないであろう。

6 フィヒテの大学教授論

かつて大学で学ぶ者はエリートであった。ドイツの大学論はそのエリート大学論・大学教授論の特徴をよく示している。フィヒテの大学教授論を取り上げてみよう。

フィヒテは周知のように、ベルリン大学創設の立役者の一人である。彼には、ベルリン大学の創設をめぐって書かれた「ベルリンに創設予定の、科学アカデミーと緊密に結びついた、高等教授施設の演繹的プラン」という論考がある。このなかで、大学教師の力量形成や学問的技法について述べている。「大学教師の本質は学問の技法家そのものを養成する技法にある」という立場から、「書物に書いてあることを、授業でしゃべってはならない」とか「一度活字になっていることを、繰り返して活字にするな」と主張している。これらのことは、明らかに教授法や大学教師の職業実践にかかわる事項と言えよう。また、大学教授の後継者養成については、「教授見習いのなかから、優秀な者を教授に任命する。」と提言している。これは、明らかに私講師制度を念頭に置いた発言であるが、大学教授の職業実践と養成について述べていることは明らかだろう。

7　授業において不可欠な能力

授業するにあたって守るべき最低限の約束事を守る必要がある。立花隆氏の立論を参考にして、授業において不可欠な能力の条件を考えてみると、以下の事項である。これらの事項は、基本的に、知的誠実と通底していることは言うまでもない。

①事実・実際に起こったこと、実際には起こらなかったことや空想・想像、この両者を明確に区別して立論する。客観的事実と主観的印象を峻別する。自然科学にしても人文科学にしても社会科学にしても、あった事実をなかったと言ったり、なかったことをあったことにして論を立ててはいけない。要するにデタラメを言ってはいけない。

②正しい学問的論理に基づいて論証する。論を展開していく過程において、ウソ、デタラメ、自分の憶測を言ったり、論理に飛躍があったりしてはいけない。ましてや事実の問題をレトリックの問題にすりかえるが如き詭弁を用いてはならない。

③他人の説や意見を要約して言ったり、引用するときは、正しく要約したり、引用したりしなければならない。よけいなことを引用したり、間違ったことを引用してはならない。
④個別的あるいは例外的事例を2、3示して、それを一般的事例にすりかえてはいけない。
⑤論証するばあい、各部分と全体との関連をつねに念頭に置いておく。部分的にいくら正しいことを列挙しても、それによって全体がすべて正しいことを証明したことにはならないからである(参考:立花隆『ロッキード裁判批判を斬る』朝日新聞社 第一巻二五二頁)。

具体的な授業の構成や展開においては、次のことが求められるであろう。

①どこに問題の核心があるか。混沌としてあいまいな事態の中から、それを腑分けして、問題の核心をとり出してくる能力が求められる。
②学生や相手の意見を正確に理解し、論点をかみあわせる能力。
③相手・学生の意見や主張を正確に理解し、その上で、批判する必要があれば批判し、相手の反論を理解しさらに必要があれば再批判していく。こういう過程を、事実にもとづいて展開する能力。
④正しい知識と概念の理解にもとづいた授業を構成し、展開していく能力。

⑤合理的な正しい推論規則にしたがって、論を展開する能力。
⑥大声、大ぎょうな表現、大言荘語、レトリック、トートロジー(同義語反復)などに眩惑されず、講義の本すじや真実をみうしなわない力(眩惑されない能力)。

授業を行う目的は、以下のとおりである。

①学生に知識や考え方、技能を提供する。
②学生を説得し、納得させる。
③学生を少なくとも自分と同じ土俵の上で考えさせる。
④自分と学生との意見の全面的一致、部分的一致、完全な相違を確認する。

このようなことが考えられる。

私の経験で言えば、「肯定表現と禁止表現」では印象が違うということを学修した。たとえば、「歴史も、法律も、日常会話も、教育も、事実にもとづいて立論する」というのは、肯定表現である。「歴史も、法律も、日常会話も、教育も、事実に立脚せずに立論してはいけない」というのは、禁止表現である。

さらにもう一つ例を挙げれば、「客観的事実と主観的印象(思いこみ)を明瞭に区別する」というのは肯定表現であるが、「客観的事実と主観的印象を混同してはいけない」と言えば、禁止表現となる。

このように、肯定表現と禁止表現では、相手に与える印象が違ってくる。

たとえば、①「君はバカだけど、人がよい」、②「君は人がよいけど、バカだ」と言ったばあい、相手に与える印象はどうか。①の方が②よりも、少なくとも悪い印象を与えないのではないだろうか。

ある本でよんだ記憶があるが、イギリスの議会で、ある議員が「ここにいる議員の半分はバカだ」と発言した。議場は騒然となった。議長が発言の撤回を求めると、その人は「前言を取り消します。ここにいる議員の半分はバカではありません」と宣言して、おさめたという。これは表現の問題でもあるが、レトリックの問題でもある。

レトリックを使うのも、紛糾した場を収めるのも、よく言えば、知恵と言うべきであろう。

第五章　大学教授の精神構造と型（タイプ）

1　大学教授の精神構造

(1) 研究重視教育軽視の伝統

大学教授は独特の精神的雰囲気（エートス）、心理をもっている。わが国の大学教授は、「自分は教授ではなく研究者であると思いこんでいる」とドイツの日本研究者（U・タイヒラー）は指摘している。たしかに、そういう意識が強すぎたことが、戦後あれほど議論された一般教養教育が、結局、成功をおさめえなかったことと密接に関係していると私は思っている。

さらにまた、教授はできるだけ理解のはやい、よくできる学生を教えたがる性癖をもつ。それは教授のもっている本能みたいなものだ。

教授会であるとき学力不振の学生のこと(一人ではなく何年たっても卒業できない学生たち)が問題になった。私のそばにおられた故野辺忠郎教授が「ぼくは、こういう普通の教授がみはなした学生だけを集めて教えてみたい。できる学生はほうっていても、伸びる。こういうできないと一見思われている学生をできるようにしてやるのが教授の役割ではないか」と言われたのを鮮明におぼえている。野辺先生は、臨床教育学を提唱しておられるが、かれこそ本当の教授という尊称をささげてよいのではないか。

しかし、私は、すでに述べたように、大学教授の任務は、研究と教育という二本柱だけではなく、学部自治や大学自治の担い手であるという考え方にたつ。

大学・学部の運営にかかわる仕事は雑務ではなく、大学教授の大切な任務の一端にほかならない。一方では、大学自治を唱えつつ、他方では、大学の自治を担わないのは、自己矛盾にほかならない。大学の自治を担わないのは、官僚や事務職員の意思決定に従うことを意味する。

(2)大学教授の学問的党派性

党派性とはいっても、政治的イデオロギーのことではない。個々の教授が持っている、学問上の確信や信念、価値観、それに支えられた方法論のことである。

具体的に言えば、実証主義なのか、皇国史観なのか、自国中心史観なのか、ナショナリズムなのかというように、価値観や立場、視点と見る方法のことを意味する。

(3) 教育目標についての共通理解

それは、ほとんどないと言ってよい。教授会で議論するのは、科目の名称とかどれを何単位にするかという具体的なことである。当学部の教育目標とある科目がどうかかわるか、あるいは学部のカリキュラム編成と教育目標や学生に身につけさせるべき能力とがいかなる関係にたつか、といった重要な抽象的・理念的なことは、その重要性にもかかわらず、ほとんど全く課題にされない。話題にすることさえいみ嫌う雰囲気がある。

したがって、学科とか専攻とか二、三人の有志の間には、共通した教育目標があっても、大学全体・学部全体の次元で、形成するのは難しい。

(4) 私大の教授と国立大の教授

国立大学と私立大学の教授は、同じか違うかという疑問は、ときどき出会う問題である。設置形態、運営形態は、基本的に違うと思っておいた方がよい。

まず第一に述べておきたいことは、身分上違うということである。国立大学の教授は公務員であり、公務員法の適用をうけるということである。給与も国家から支給される。大学教授の身分や国家との関係のあり方という観点からみると、同じ大学教授ではあっても、国立と私立では大分ちがってくる。

私立の教授は、公務員法の適用はうけない。官吏としての身分保証もうけない。しかし「大学の自治」の範囲内、学問の自由という観点からみると、両者は基本的に区別はない。教育の自由も研究の自由も双方にある。国立大学の教授も私立大学の教授も、学問の世界では同じである。

(5) 教育・研究の自由

大学の教授は、自分の担当する授業において、何を、どのように、いかなる構成にして教えるかということについて裁量権をもっている。しかし、そういう教育の自由をもっているからといっても、好き勝手をやってよいわけではない。あくまでも、合理的に、学問の約束事に則り、裁判官と同じく自己の良心に従って、教えなければならない。こういう権利をもっているがゆえに、大学教授の質がするどく問われなければならない所以である。

(6) 大学教授という職業の本性と属性

大学教授が一番知らないことは、大学教授という職業についてではないか。専門職業と考えられているにもかかわらず資格が不要なこと、どのような歴史的背景をもった職業なのか、法的規定はどうなっているか、国立大学の教授と私立大学の教授は全く同じと考えてよいのか、違うとすればどこがどう違うのか、大学には自治や学問の自由が保障されているが、それは、いかなる歴史的事実をうけて形成されてきたのか、この職業の特性は何か etc、といった問題にスラスラと答える大学教授は、ほとんどいないと断言してよい。なかには、こういうことすら全く考えたことのない「オメデタイ」人もいるだろう。それでも務まる職業なのであると言ったら、言い過ぎであろうか。

無知な教授ほど、「君たちが僕の授業を理解できないのは、要するに君たちに理解するだけの力がないからだ。ぼくは悪くない」と放言したり、半分以上休講にしたり、全くわけのわからない自己中心的な授業をしたり、少し良識や知識のある人なら絶対にしないことをやってしまう。いや、知らない方が、オメデタクて幸せかも知れない。無知であれば、悩まなくてすむから。無知にとどまっていれば、他人が驚くような無謀なことも、やすやすとやってのけられる。そして、あとで「知らなかったから」と弁解できるからである。

また、無知の教授は、大学の自治（教授の自由）も、自己の快い範囲の経験からでしか理解しないから、結局エゴとみさかいがなくなってしまう。自己を客観化する訓練をしていないし、自己の経験を普遍的な意味と結びつけることができない。

学部自治、学科自治、講座自治、これらの総体が大学自治をなすが、各部や学科のことを知っても、全体としてのくみあがり方を知らなければ、総体的に理解したことにならない。

(7)時間割の決め方

アダム・スミスは、『諸国民の富』のなかで、「学寮および大学の規律は、一般に、学生たちの便益のために案出されるのではなく、教師たちの利害関心、もっと適切にいえば、かれらの安楽のために案出されている」と書いている。

現代日本の大学も事情は、アダム・スミスの時代と全く変わりはない。大学・学部内のいろんな重要なことは、教授の都合によって決まるのであって、学問の整合性や学生の心理状態や都合によって決まるのではない。完全に教授の都合によって決まっていく。

その典型は時間割の決まり方である。時間割は、教授の精神構造を表す鏡であると考えている。「私は、月曜日と水曜日しか大学にこないから、この二日間で、義務となっている時間数をこなしたい」。「私は、分校の学生は嫌いだから分校は持ちたくない、研究室のある地区しか授業を持たない」。「一、二年生は昔の予科だから教えたくない、三、四年生と大学院だけ教えたい、そのように時間割をくみたい」。

こうした声は、時間割を組む会議のたびに聞かれる。民主的イデオロギーの持ち主かどうかとは一切関係なく、自分に都合のよいように、時間割を組んでいく。とりわけ、普段学生のことを思っていると口では言っている教授からこういう言葉を聞くと、非常な違和感を感じて、全く信用したくなくなる。

まさに、アダム・スミスが二〇〇年以上前に言っていることが、この二一世紀の日本で繰り広げられている情景である。

(8) 問題教授

① Professor stop

大学院担当であれば、学生に学問的力量をつけさせるのが本来の任務と言わなければならない。ある大学の大学院学生が、指導教授に「先生、学会発表をしたいのですが……」と相談をもちかけた。先生は「〇〇大学のはじをさらすことになるので、やめてくれ」と言った。これはその院生から直接聞いた話である。

この話を聞いて、私は次のことを思った。

ケース1：本当にその院生に学会で発表する力がない。

ケース2：今、発表する力は、十分についていない。しかし、うまく指導すれば、来年の学会には発表できるかも知れない。

ケース1のばあいであれば、そういう学生を大学院に入学させた責任は、大学院担当教授にある。しかも、当人は、その学生の指導教授になっているのだから、全面的に責任を負うべき。

ケース2の場合も、教授の責任は免れない。いやしくも大学院を担当しているのであれば、学部とは異なり、専門を通じて院生に学問的指導をしているのだから、その学生を指導する職業上の役割を果すべき。それがいやであれば、大学院担当をおりるべきである。学生にも全く責任がないとは断言できないが、教授の責任の方が数等重いと考えられる。

②院生・後継者を育てない大学院教授

大学院担当になり二〇年もたつのに、一人のまともな研究者を育てることのできない無能な教授もいる。こんな人物の存在が許されている大学もある。ふところが深いというべきか、無責任というべきか。

③自分の実子の審査員になる教授

自分の実の子どもの修士論文の主査になる教授も現にいる。「李下に冠を正さず」という中国の諺もあるとおり、実子（養子であっても）の審査員になるのは、避けた方がいい。実子（養子）の論文の主査になるには、何もなくても、何かを言われる可能性が高い。それだけではなく、フェアではない。フェアではないことを自覚しない教授が現にいた。

④無責任な教授

定期試験のとき、ある学生が、過去の問題について書いた紙をもちこんでいた。監督にいった一職員が「これはカンニングではないか」とその紙をとりあげた。学生は、その職員に「カンニングではない、先生も認めている」といってくってかかり、口論となった。そこでその職員は、現場にいた教授に「先生これを認めているのですか」と問いただしたら、先生は「認めている」とも「認めていない」とも明確に答えなかった。自分の担当している科目であるのに。

教育の内容も、方法も、試験のやり方も内容も、全面的に教授が責任をもっている。だから、彼には、「認めている」とか「認めていない」と明確に判断する責任があった。それをしなかったので、彼は、とくに職員から信頼を失った。私はこの話をその職員から直接きいた

⑤盗作をする教授

知的誠実という倫理から言えば、他人の著作や論文から、全部もしくは一部を盗む、いわゆる「盗作」をしてはいけないということは容易に出てこよう。しかし、大学教授の間には、性懲りもなく盗作問題がおこり、教授職を失う人もいる。その反面、自分の論文(著作)は盗作ではないと訴訟を起こし、居直る人もいる。裁判所は法的な決着をつける所である。学問的決着にはならない。学問

の世界のことは、学問の論理で決着をつけることが望ましい。

「盗作」を防ぐには、知のプライオリティを重んじる以外にはない。具体的には、引用したばあいには必ず注をつける、翻訳を引用するばあいには、あたかも原典に当たってそれから和訳したような印象を与える書き方をするのではなく、はっきりそのことを書いておく。

盗作するということは、他人の成果の一部あるいは全部を横取りするということだから、オリジナリティはない。盗作をしないためには、オリジナリティのある研究をすればいい。オリジナルなテーマを思いつかないから、盗作をするのかも知れないが。

引用だけからなっている論文や著作を書く人もないではないが、そういう論文も著作も存在価値はない。

⑥セクシャル・ハラスメントをする教授

「〇〇大学教授(または助教授あるいは専任講師、はたまた職員)、セクハラで停職六カ月」などという記事が、新聞にときどき載る。免職、あるいは依願退職ということもありうる。立場の強い者が異性に関係を迫ったり、精神的、肉体的に傷つけたりする行為をセクシャル・ハラスメントという。客観的な基準を設けることは、非常にむずかしい。相手が、セクシャル・ハラスメントだと感じれば、それがセクハラになる。

アカデミック・ハラスメントというものもある。略してアカハラという。セクハラとは異なり、学問的いじめとも言えよう。しかし、セクハラと大いに異なっている。アカハラを訴える本人に学問的力量がないばあいもある。

たとえば、熱心な先生が、無意識に、「君はこういうこともできないのか（知らないのか）」と言うのも、アカデミック・ハラスメントになるケースがある。教育なのか、ハラスメントなのか、区別がつきにくいケースもあるから、やっかいである。

ましてや受け取る方の判断や感じ方によるということになると、本人はそういう気がなくても、ハラスメントということになりかねない。

⑦国立大学退職教授の傲慢

国立大学を定年になって私学にやってきた教授が、「国立の方の教授が上だから、そういう人間が上級生とか大学院を優先的に担当すべきだ」と主張して、主張通り実行したという。こういう発言をする教授の精神構造も疑われるが、それを阻止できない他の教授にも問題があると思う。もっと言えば、だらしないと思う。しかし、そういうことを主張する教授はもっと問題である。

⑧教科書を無理矢理買わせる教授

自分の書いた書物を教科書として買わせ、授業中に買っているか否かをチェックする教授もかつていた。一時間は、チェックでつぶれる。中には、本の中に切りとり紙がはいっており、それを出席票として提出させるという徹底した教授もいたと聞く。

⑨他人が笑うべきことを自慢する大学経営者・教授

自分の大学(私学)から、東大や京大といった旧制帝大に移っていったことを、わざわざ全面広告欄(A新聞のY記者との対談)で、披露し、わが大学はこのような一流の大学と同じレベルの先生方によって教えられていることを自慢するある大学の理事長兼総長がいた。これには、大いに笑ってしまった。

他の大学から有能な若い教授が定年よりずっとまえに、その大学に移ってきたのなら、自慢するのは十分に理解できる。しかし、その大学から他の大学に移っていったのは、腰かけにされただけではないのか。居たくないから、出ていったのではないか。要するに、この大学に骨をうずめるつもりはないと言われたのと同じではないか。コケにされたのではないのか。そういう評価を受けたことが、どうして自慢になるのか。世の中には、他者からみたら恥になることをほこりに思う人もいるのだ。

⑩自分を規定の期間より早く昇格させろと主張する助教授

大学教授仲間では、「自分の職格を上げてくれ」と自分から言い出さないのが美徳と考えられてきた。たいていの大学では、助手〇〇年研究業績〇〇本、講師〇〇年研究業績〇〇本、助教授〇〇年研究業績〇〇本と学内規約に定めている。定めてあっても、周りの人が言い出さないかぎり、自分から言い出さないのが普通であった。ところが、自分から言い出す人間がいる。学内規則は、長い時間をかけてその大学で形成されてきた習慣的な性格をもっているので、遵守する方がいい。大学改革を実行する建前から、そういうことを主張するのであっても、すべての成員が同等という民主的な立場を崩さない限り、結局は新しい学内規則を作らざるを得ないのだから。ましてや、「学内規則を拡大解釈して、自分の職格を上げてくれ」と主張する人間が、法学部出身だと、「学部で何を学んできたのだ」という気持ちになるのは、私だけではあるまい。

そのほか、大学から費用が出ているにもかかわらず、学生にゼミ旅行の負担をさせる教授もいる。

ここにいくつか問題教授の実例を列挙したが、なにも問題教授を断罪するために、挙げたのではない。大学教授のイメージを悪くするために挙げたのでもない。そうではなくて、大学教授の倫理を考えるさいの反面教師の例として挙げたのである。

2　大学教授の型(タイプ)

(1)ストック型

ストック型とは、知り得たこと、自分の頭に浮かんだこと、調べたことを、一時蓄えて、考え直し、調査し直し、言語表現しても優れた研究者に査読を頼み、自分で確信をもってから印刷物として世に出す大学教授のことである。地道ではあるが、確実な研究者と言ってもよい。このばあい、編集者や他人に頼んでカナをつけてもらったり、校正をゆだねたりしない。なんでもござれというわけにはいかないから、当然テーマは限定される。

後世に残る研究や他人が引用する研究業績は、このタイプの学者の業績によるところが大きい。また、こういう説をなす人もいる。「時間をかけて情報をたくさん集めて、それをちっとも活用しない人がいる。学者にはこのタイプがけっこう多い」と齋藤孝氏(『三色ボールペン情報活用術』角川ONEテーマ二一)は言っている。このばあい、「活用」と「学者」の内容を定義して議論を厳密に展開すべきであると思う。この意見とは全く逆に、私の知っている大学教授(個人名をあげることができる)は、全員自分の観点・アスペクトをもち、史料・資料を集めて、活用している。論文に活かすのはもちろんのこと、授業のなかでそれを活かしている。氏の意見は事実に基づかない、自分の頭の中で作り上げた、客観性をもたない個人的意見であろう。失礼ながら、現実の大学教授の意識と行動は、単純ではなく、もう少し複雑な構造をしている。

ストック型の典型として、二人の教授に登場願おう。

一人は、龍谷大学の千葉乗隆教授である。千葉教授には、九州南部の「カヤカベ講」にかんする調査研究がある。「カヤカベ」とは、「隠れ念仏」のことである。千葉教授は、鹿児島で綿密な実地調査をし、調査報告をなされている（五木寛之『日本幻論』（新潮文庫、一九九六年一月、五一頁以下）。

もう一人、タミル語日本語起源説を唱えた国語学者の大野晋氏を挙げておこう。氏は、研究手法の基本として、ここでいうストックの大切さを説いておられる。「単語はそれ一つだけをいくら詳しく調べても意味は明らかにできるものではない。それの反対語、あるいは類義語とつき合わせ、どこが違うか、どこが共通かと見て行って、はじめて意味が限定され、ようやくその中核に行き着く。これは辛抱強く毎日机の前に坐って作業を繰り返すことによってだけできることだった。そうした一語一語の分析が私の研究の土台になっている」（大野晋『日本語と私』新潮文庫、二〇〇三年七月、二五六〜二五七頁）

(2) フロー型

これに対して、フロー型とは、知り得たこと、自分の頭に浮かんだこと、調べたことを、すぐに言葉に表し、印刷物として世に出す大学教授のことである。慎重さがたらないから、出版社の企画にも無批判にのる。日本語でござれ、会議の持ち方でござれ、教育方法でござれ、学習方法でござれ、外国語でござれ、要するに専門でも専門以外のことでもなんでもござれで、文字にして出版していくタイプの人のことを言う。

他人に頼んでカナをつけてもらったり、校正をゆだねたりする。当然、調査が行き届かず、内容的に底が浅くなってしまう。ひどいものになると、歌舞伎の名セリフを、歌舞伎役者が実際にしゃべっているセリフとは、全くちがうカナをつける。たとえば、赤坂治績『知らざあ言ってきかせやしょう』によれば、「当てに小皿の一文子《こ》」と七代目菊五郎のセリフと同じ読みになっている(新潮新書、一五八頁)。

さらに実例をあげると、日本のなかには国境《くにざかい》はあっても、国境《こっきょう》はないのに、川端康成の名作『雪国』の冒頭を国境(こっきょう)と読ませている。私の愛読する藤沢周平は、「江戸にむかった討手は、この五人。いずれも脱藩の形で一昨日国境《くにざかい》を越えた」(『用心棒日月抄 刺客』新潮文庫、三八頁)と正しく読ませている。

「会議革命」を説きながら、その人自身が会議の運営がうまくできず、メンバーから「議事進行」とやじられる。つまりは、「革命」を説く人が、「革命」的になっていなかった、「革命」以前だっただけにすぎなかっただけのことである。

ドイツ語がロクに読めないにもかかわらず、ゲーテに関する本を出したりする。ゲーテについて知りたければ、しっかりしたドイツ文学者の本で確実に知るべきだ。

森鴎外の『舞姫』のなかに『普請中』が出てきたりする。全く別の小説なのに。少なくとも、表現する能力がないのか、別の小説であると読者にわかるように書いていない。

こういう事例をみると、笑ってしまうではないか。

当然、専門家からこっぴどく批判されるか、無視されるか、物笑いの対象になるケースが多い。

フロー型の教授には「恥の文化」は通用しないと考えて対応した方が無難である。

フロー型の教授に、山路愛山のことばをもってとどめをさしておこう。

「博学だけにては余り難有《原文ママ》くもなし、勿論こはくもなし、然るに奇なるかな世人は此博学の人々を学者なりとてエラく思い、学問は二の町なれど智慧才覚ある者を才子と称して賞賛の中に貶す。是豈衣裳を拝んで人品を忘る、者に非ずや」（『明治文学史』）。

(3) 一次資料型

いつも原典や誰も使っていない史料・データを考察し、論文を発表する型の教授は、一次資料型と呼ばれる資格がある。大学教授は、収入の道が大学から保障されているから、あくせく働いて、収入の道を確保しなくてもいい。大学が定める規定に従って働けばいいから、ゆっくり研究ができる環境にある。したがって、一次資(史)料型が多くなると思われるが、実際は、以下に述べるように、必ずしもそうではない。

(4) 二次資料型

他人が書いたり、発表したものを手がかりに、租借し、自分の意見・主張を発表する型の教授。二次資料型と言っても、独創的な見解を述べる人もいる。そういう人には、大学教授として、十分存在理由がある。反面、せっせといい資(史)料やデータに接していても、くだらない、独創的でない意見しか持てない人もいないわけではない。

一次資料型と二次資料型について、いくつか敷衍しておきたい。

立花隆氏や呉智英氏は、二人とも大学人ではないが、共に「知」にかかわる職業についており、他人が書いた書物から情報をえて、それをもとにして、自分で考え、新しい知見や情報を発信している。

長大な本や資料を収集して書くというスタイルを確立し、東京大学の先端研の客員教授をつとめた立花隆氏は、「ロッキード裁判批判派と大論争をやったでしょう。嘱託尋問調書の証拠能力とか、総理大臣の職務権限の問題とか、いろんな論点があって、相手は法律の専門家もいますから、あらゆる論点について可能な限りの勉強をやったんです。本棚十五段くらい読んでいます。専門家と論争するときはそれくらいの勉強が必要です」、「新しい領域の仕事をするときは、どうしても最低書棚二段分くらいの読書は必要ですね。この一年半やってきた脳科学の仕事は、参考書が書棚十段くらいある」と書いている（立花隆『ぼくはこんな本を読んできた』文藝春秋 一九九五年一二月、一三〇頁、一四二頁）。

これを読むと、立花氏は二次資料型に思えるが、「『角栄研究』そのものは、本とはほとんど関係ないんですね。むしろ、土地謄本とか会社謄本といった資料集めが中心だったのだから」（一二九頁）とあることから判断すると、氏は一次資料型でもあることが理解できよう。となると、立花氏は「知の巨人」らしく、一次資料型と二次資料型とを包含していると言えよう。

マンガを評論の域にまで高めた呉智英氏は書いている、「私がしてきた程度の読書の質と量と技術で、かなり高度な知的武装ができるということだ。インチキな論理を見破り、俗物教養主義にだまされず、主体的に知識を獲得し、獲得した知識を有効に使うことができるようになるのだ」（呉智英『読書家の新技術』朝日文庫、一九八七年一〇月、一二八頁）。

呉智英氏は、二次資料型であることに、自分の存在理由を見いだしているかのごとくに思える。一般的に言えば、一次資(史)料型は、問題意識・観点を持ち、一次資(史)料を集め、それらを駆使して、著作を世に問う。それを読んで、二次資(史)料型は思考する。自分の新たな思想を形成したり、一次資(史)料型が気のつかないことを発見することさえある。

そうだとしても、一次資(史)料型が、その意見や論文を公刊しなかったら、新しい発見は不可能である。したがって、知の発見の順序から言えば、一次資(史)料型が基本的な存在と言えるのではないだろうか。

花田清輝は、「良質の資料にこだわるのは歴史家にまかせておけばいい。分析し、綜合し、推理し、さて、これだけはまちがいのないところだといって、歴史家のさしだす歴史的事実のなんというまずしさであろう。それは蒸留水のように、たいへん、衛生的かもしれない」(『もう一つの修羅』講談社現代文庫、一一四頁)と言っている。しかし、一時史料型と二次資(史)料型は敵対関係にあるのではなく、二次資(史)料型は、一次史料を基礎にしているかぎりにおいては、依存関係にあるのではなかろうか。

このことにかんしても、一つ実例を挙げておこう。作家吉村昭氏は、『桜田門外ノ変』(現在「新潮文庫」で読むことができる)の史料収集にあたって、茨城大学教授河内八郎氏と元東京大学史料編纂所教授吉田常吉氏から「好意にみちた御協力をいただいた」と書いている(吉村昭『史実を歩く』文春新書、一九九八年一〇月、一〇五頁）。ここには、一次史料研究者が存在することの大切さ、その存在理由が明らかに説かれている。

上に述べたストック型といい、一次資料型といい、両者は根底において相通ずるものがある。一次資料型は、次から次へと学問領域や専門のテーマを変えるわけにはいかないので、ストック型にならざるを得ない面がある。私個人のことにかんして言えば、明確なアスペクトをもった、一次史料型の研究者でありたいと努めている。

(5)教育型

学生の教育を最も重視する型の教授。研究よりも、日々の学生の質問や疑問に時間をかける。学生にとって分かりやすい工夫をした授業をする。このように、学生の教育や世話に命をかける教授を、教育型の教授と呼ぶことができる。当然、学生の評判もいい。

(6)研究型

大学教授の任務には、大学内的には教育・研究・運営があると述べたが、自分の研究のことを最重要視する教授を研究型の教授と呼ぶことができる。この型の教授は、定められた最低時間の講義は授業を持つが、その内容を学生が分かろうが分かるまいが、いっこうにかまわない。要するに、自分の研究が大切であるから、学内の仕事は雑務と考え、出来るだけしないように心がける。入学試験の監督など、全学で取り組まなければならないばあいでさえも、サボルことを考える。周りの教授からは、エゴ(自己中)と評価される。

(7) 学内政治型

教育にも研究にも熱心でなく、大学や学部の運営に携わることが、生き甲斐であり、名誉と考える教授。運営の仕事はやりたがる人が余り多くないので、存在理由をそこにみつけて、学部長や副学部長にのし上がっていく教授。当然、教育熱心というわけではないので、学生の評判をとることもない。学会での評価も芳しくないのが普通である。いや、学会には行かないかもしれない。学会の会員ですらないかもしれない。こういう人がどこの大学にでも一人や二人はいるものである。

ただし、学長は、その大学を代表する象徴的存在であるので、この型の教授が選ばれることは少ない。もし、選ばれれば、「鳥なき里の蝙蝠」である。

以上、大学教授の型として、ストック型、フロー型、一次資料型、二次資料型、教育型、研究型、学内政治型という七つの型を挙げた。

こうした型・タイプは、現実の大学教授が身をもって示しているように、固定的なものととらえられるべきものではなく、その人間の置かれた事情や社会情況などのさまざまな要因によって、変化変容するダイナミックな構造をもっているといって差し支えない。とすれば、ここに挙げたタイプは、ものごとをとらえるための理念型という性格をもっていると言ってよいであろう。

しかし、理想をいえば、ストック型であり、一次資料型であり（すべての事柄について一次資料型であることは難しいので、問題によっては二次資料型）、教育と研究に優れた業績をあげ、学内政治もそれなりにこなせるのがいいのかも知れない。そうザラにころがっている才能ではないが。

大学教授を分類するばあい、前述の七種類に分けるやり方が、一般的であろう。第八の型として、どれにも属さない、教育もしない、研究もしない、学内政治もしない、「型無し」の教授もいるかも知れない。

第六章　大学の意思決定システム

1　大学の自主運営・自治への参画

これまでも述べてきたように、歴史的には、大学は自治権をもつ団体として発足した。大学が、高等学校までの教育機関と決定的に違うのは、自治権(学位授与権を含む)をもっているということである。自治権とは、何を研究するか、いかなる内容を教材として採用するか、どう教えるか、誰を学部長や学長に選ぶか、後継者に誰を選ぶか、どう選ぶかといった、どの学問的水準の人にどの学位を授与するかといった大学組織の根幹にかかわる事項を、自分たちで決めうる権利である。一言で言えば、自己決定権と言ってもよい。

大学自治が依ってたつ最後の拠点は、法的規定と制度的慣行とともに、精神的価値およびそれに立脚した精神的抵抗にほかならない。大学教育の内容と目的は、すぐれて精神的価値にかかわっている。大学教育の内容と目的を理論化し、それを大学人の共有財産にすることによってのみ、大学教育の存在理由を外部にむかって主張できるのである。

法的規定と制度的慣行のみに依拠した大学自治、精神的価値内容と精神的抵抗の欠落した大学自治、それはほとんど大学運営には役に立たない。

そして改めて「大学の自治とは何か」という問いを考えてみるとき、これは三つのレベルにおいて、考えなければならないのではないかと思う。

①第一は、大学教授たちが、日常的に無意識に経験したり、あるいは、意識して行っているうちに形成される、一種の主観的、経験的な自治意識。

②憲法や実定法に定められた自治。法認された自治、法的自治。

③西洋の大学に典型的に見られるような、歴史的実態として形成されてきた自治。法規定にはないが、教授人事の在り方や学部自治など歴史的慣行として作り出されてきた自治。

歴史的な実態すなわち歴史的に成立してきた自治の慣行も制度の一部とみなすことができる。また、日本の法律には、大学自治についての具体的な規定が非常に少ないので、文理解釈のみならず目的論的解釈も不可欠となってこよう。

こういう目で周りを見回すと、教授の中には、狭い、個人的な体験にとらわれていて、歴史的、法制的に形成されてきた「大学の自治」という概念について、深く考えたことのない人もいる。普遍的な自治や歴史的に形成されてきた自治意識の持ち主と、議論がかみあわないこともある。自己の経験だけから作った自治意識の持ち主は、誤った主張をすることもある。

しかしながら、大学自治・学部自治は、大学のエゴ、学部のエゴとは、本質的に違っている。自治の次元は、大学レベル、学部レベル、学科レベル、教授個人のレベルと重層的になっている。この総体が「大学の自治」をなすわけである。

大学内部でみてみると、教育研究の実質的な担い手は「学部」であるから、実は、大学の自治は、学部自治であることが多い。そして、各学部の自治が（エゴも含めて）前面に出てくるから、大学全体の総意というものが形成しにくい構造になっている。

2　大学・学部の組織原理と意思決定システム

大学の組織は、どのような原理で運営されているのだろうか。

全体として、日本の大学をみわたしてみると、旧制の大学は、私学も国立も、学部自治、大学自治の中において合議制のシステムが確立されている。内部において、前述のような非近代的なファクターも残存させているが、トータルにみれば、合議制原理によって運営されていると考えてよい。

ところが、戦後できた私学で、急速に拡大してきた大学は、創立者やその一族による独裁型の大学運営がなされ、必ずしも合議制原理はとられていない。むしろ、とらないように意識的になされている。ひどい大学では、教授会や学科会も開かれず、すべての事柄が(教授採用も含めて)、決定事項として掲示されるだけという大学もある。また、学内に情報網をはりめぐらして、不満を言っている者や組合を結成しようと動いている教授を調べて、つぶしにかかる大学もある。大学の意思決定システムという視点からみると、とくに私立大学相互間の格差は、驚くほど大きい。こういった意味においても、大学を広い視点から見る目を養う大学論は、必要かつ不可欠ということが分かる。

学部自治、学科自治、講座自治、これらの総体が大学自治をなすが、各部や学科のことを知っても、全体としての組上がり方を知らなければ、総体的に理解したことにならない。

したがって、国立、私学の双方にわたって、意思決定がどのように行われているのか、かいま見ておこう。

(1)大学の成り立ち

現在では、大学は、国立であれ私学であれ、必ず教育研究を主体的に担う部署(学部や研究所など)と運営を主たる任務とする部署(事務局や人事部、厚生部、施設管財部など)から成っている。

それぞれの部署に意思決定機関があり、それらの上に、大学全体の意思を決定する機関が置かれている。普通の大学は皆そうなっている。そうなっていない大学の存在を知らないわけではないが、それらの大学は、全体主義的性格か独裁的性格を持っていると断じてもそう間違いではあるまい。

現在でもそうであるが、歴史的にみると、大学は学部の集合体であり、個々の教授は全員平等であり、学部長や学長は「同じ権利をもつ者の筆頭者」(Primus inter pares)にすぎず、2～4年と任期もみじかかったし、今も短い。

(2)大学を代表する者

誰が大学を代表するかは、実は小さな問題ではなく、歴史的には大きな問題であった。大学の歴史をひもとくと、レクトル(学長)が大学を代表するのかカンツラー(大学創設機関が送り込んだ最高責任者)が大学を代表するのか、争いが随所で起こっている。

国立大学では、学長が大学を代表する。文部科学省から派遣された事務局長が大学を代表する例は全くないと言ってよい。

しかし、私立大学では、様子が全く異なっている。その大学の歴史や構造を反映して、色々なケースがある。

一番ややこしいのは、大学の教育研究を代表する学長、大学や付属校、短期大学の教育を統括する総長、経営を担う理事長、この三者を置いている大学である。これを三長制と呼ぶことが出来る。

また、大学教育も附属の教育も連続していること、教育という地平においては大学も大学院も附属も同じであることを考慮して、学長と理事長の二長を置いている大学もある(二長制)。

さらには、教育と経営を統合して、一人の長しか置いていない大学もある(一長制)。このばあいは、一人の長を選出する仕方が、前二例とはことなり、教授と職員の双方に投票権があるばあいが多い。

(3) 学部教授会

大学や大学教授について考察するばあい、それはきわめて重要な事柄であるから、学部成員の間に、共通の認識(共通理解)を形成しておく必要があろう。学部という概念は、大きく分けて、三つの意味を含んでいる。

一つは、法学部、医学部、文学部、理工学部、農学部というように、対象や方法の近い学問の組織体としての意味がある(学問の組織体)。

第二に、たとえば、法学部の教授・助教授・専任講師・助手・学生というように、教育のための組織体、教育体を意味する(教育体)。

第三に、学部は運営体として、予算をどのように使うか、誰を採用するか、誰を学部長に選出するかというような事項を審議し、決定し、執行していく(運営体)。

したがって、大学の学部教授会は、学部が責任をもっている教育・研究についての最終的責任をもつ機関ということになる。学部は、教育・研究にかんして規則を制定し、執行することができる。したがって、教育と研究にかんしては、行政と立法という両方の機関でもある。

学部教授会は、教員人事、教育・研究にかんする事項をはじめとして、学生の賞罰、奨学金にかかわる事項等を包括的に決定する権限をもった機関でもある。その組織の在り方や構成員、権限の行使については、もともと学部自身が決定できる。

たとえて言えば、教育と研究にかんしては、学部は国会と内閣と裁判所の機能を兼ね備えた性格をもつ意思決定機関と表現してもよい。

要するに、学部は、教育・研究について、自己の権限において、何をするか何をしないか、どう運営するかといった重要な事項についてを自己決定する権限をもっているのである。このことに特に留意しておきたい。

(4)大学レベルの会議体

①大学評議会

大学評議会は、通常国立大学に設置されている。成員は、普通各学部長とその学部の教授一名であるから、学部の数が多い大学では、構成員の数は必然的に多くなる。学長が議長を務める、大学の最高意思決定機関と位置づけられている。

②部局長会議

たいていの国立大学では、「部局長会議」が設置されている。この会議体の成員は、各学部長と事務局長や庶務部長など事務の責任者である。学長が議長を務める全学的な調整機関としての性格をもっている。

③運営諮問会議

「運営諮問会議」とは、これまで大学のことは大学人だけで討議し、決定し、実行してきたが、それには限界があり、大学外の人を入れて大学を運営していく趣旨で、二〇〇〇年に各国立大学に設けられた。経済界、政界、マスコミ界、文化界など各界の代表者が、国立大学の運営に資する会議体である。誰を委員にするかは、大学側が決める。

実は、このような委員会は、日本だけの特殊なものではない。ヨーロッパ諸国にもある。モデルは、アメリカの大学の理事会である。しかし、アメリカの理事会の機能や権限をそのまま持ち込んでいるのではない。

ここでは、日本の「運営諮問会議」の特性を明らかにするための比較対象として、ドイツとスイスの例をかいま見てみよう。

これまでドイツの諸大学は、大学構成員（教授やその他の教師、事務職員、学生）のみから成る学部運営会議や評議会組織で、運営を行ってきた。

ミュンヘン大学にそくして具体的に言えば、これまで、全学レベルでは、学長スタッフ会議（五名）、大学評議会（学長スタッフ会議五名を含む二四名）、全学代表者会議（五五名）という会議体によって、運営されてきた。しかし、それだけでは、時代の要請に対応できないことが認識され、改正された「大学大綱法」で「大学運営諮問委員会」（Hochscuhlrat）の導入が提唱された。バイエルン州は、この「大学運営委員会」を設置する動きをみせ、州の大学法に盛り込んだ。したがって、バイエルンの全ての大学で「大学運営委員会」が設置されている。

ミュンヘン大学の「大学運営委員会」は、一九九九年に設置された。委員の選出は、学長が代表の学長委員会（Presididentkollegium）で行う。この委員会において「大学運営委員会」の一〇人の委員を選ぶ。学長は自動的に委員になるから、合計一一名から成る委員会ということになる。どういう人々が選出されるのか。経済、メディア、文化、ノーベル賞受賞者など各界の代表者である。

その委員会の役割は何かと言えば、①よい大学像(大学のイメージ)を作り上げるためにイニシァティブをとること、②教育・研究における重点を形成するためにイニシァティブをとること、③学修内容をより一層発展させるためにイニシァティブをとること、④大学運営にかんする重要事項について大学を援助すること、以上の四点である。

こうした委員会を設けなければならなくなった背景には、これまでのように、学部教授会や大学評議会のような学内者ばかりで構成される委員会では、連邦レベルの法改正や州レベルの大学大綱法改正、大学人の自治による大学の沈滞が挙げられよう。

設置背景は、日本とよく似ている。いや、むしろ、世界の潮流に日本も乗っている、大学も日本だけ孤立してはあり得ないということである。

こうした委員会に、もっと強い権限を与えている国家もある。それが、スイスである。スイスの大学は、連邦立と州(カントン)立がある。チューリヒ工科大学とローザンヌ工科大学の二つは連邦立である。他の大学、ザンクト・ガレン大学、ジュネーヴ大学、バーゼル大学、ベルン大学、ニュシャテル大学、フリブール大学は、カントン(州)立である。スイスは連邦制なので、各大学はその属する州(canton)との関係で大学法をそれぞれ独自に定める。したがって、大学によって管理運営組織が異なっている。この点は、各州が文化高権を持っているドイツとよく似ている。スイスでは、一九九八年四月の段階で、新しい大学法の導入・改定をおこなった。チューリヒ大学の例をみてみよう。

チューリヒ大学は、現在、神学・法学・経済・医学・獣医・哲学・理学の7学部からなる総合大学である。この大学には〝Universitätsrat〟が設けられている。この委員会は、ドイツの「大学運営委員会」(Hochschulrat)とは異なり、日本やアメリカの「理事会」と同じような性格をもっているので、「大学運営諮問委員会」という訳語ではなく、「理事会」という訳語を当てて説明する。その構成と権限を見てみると、一層その性格が明らかになってくる。

チューリヒ大学では、大学理事会の構成員は、七名ないし九名である。そのうち二名は、自動的に、州文部大臣と州厚生大臣が入ることになっている。学長や副学長(複数)はオブザーバーとしてしか参加できない。

それ以外のメンバーについては州政府が、科学、文化、経済、政治の分野の人格者から選ぶことになっている。大学理事会の長は、州政府が任命し、任期は四年間で、再任は一回まで認められている。

以上の規定から明らかなように、大学理事会のメンバーは、長を含め州政府が決めることになっているので、州政府が絶大な権限を握っている。大学側は意見を述べることはできても決定に参加することはできない。

この大学のUniverstätrat(理事会)は、書記を入れて八人から成っている。大学側は、前述の如く、オブザーバーとしての参加しかできない。教授の代表一人、私講師の代表一人、助手の代表一人、学生の代表一人、合計四人が、助言をするという役割を役割をになって参加するにすぎない(Vorlesungsverzeichnis, 2001/02)。

チューリヒ大学の理事会は、予算、人事、学則などに関する大学の最高意思決定機関という性格を持っている。

この理事会の決定事項を見てみると、州政府という政界だけではなく、実業界、産業界の代表が大学の意見を聞きながら、大学の重要事項を決定していくシステムと言えよう。

ドイツとの違いは、明らかである。それは、三つの点で、ドイツとは異なっている。一つはドイツの"Hochscuhlrat"(大学運営委員会)よりも強い権限をもっており、「理事会」と言ってもよい。その二は、ドイツでは学長を中心とする委員会で、運営委員を選出するのに、スイスでは、州政府が選出する点である。その三は、ドイツでは学長はこの委員会のメンバーになるのに、スイスでは、メンバーにならない点である(今井重孝「スイスの大学組織について」、有本章編『ポスト大衆化段階の大学組織改革の国際比較研究』広島大学大学教育研究開発センター、一九九九年、所収)。

日本の国立大学は、二〇〇四年四月から実施された「大学法人化」に対応するために、体質改善の最中にある。現在は、「運営諮問会議」の系譜をひく「経営協議会」が作動中である。

このように、学外者が大学の運営にタッチするようになる変化は、大学が社会から歴史的に孤立して存在してきたわけでは決してないが、「教授による教授のための大学運営」から「大学人による大学人のための大学運営」へ、「大学人および学外者による社会全体のための大学運営」へ変化してきたと見なしてよい。

④理事会

理事会は、学校法人の運営に直接関係する会議体である。経営権を握っていると言ってもよい。一〇人前後の理事で構成されるが、教育研究のために存在する大学であるから、通常学長は理事になる。ここで審議する事項は、理事会が責任をもって評議委員会に付議する事項、事務分掌にかかわる事項、理事長の職務代行にかかわる事項などである。

⑤学部長会

学部長会は、私学に置かれているばあいが多い。大学は学部の集合体であるから、学部長が集まって、教学にかかわる事項の全学的調整や人事案件を決定する。とりわけ、理事会が、教授や兼任講師などの任命権や名誉教授の授与権を、形式的にではあれ持っているばあいは、それらの人事案件も取り扱われる。

⑥評議委員会

私立大学では、理事会であれ学部長会であれ評議員会であれ、大学ごとに意思決定機関の置き方や在り方が大きく異なっている。

私学にあっては、卒業生を無視することはできないので、教授(助教授、専任講師を含む)、職員、卒業生の三者から成る大学の最高意思決定機関を設置する大学が多い。その成員を、どのように選任するのか、その方法は、またその大学の歴史や構造に深く関係していて、非常に多様である。

「大学の常識は、学外の非常識」という言葉もある。しかし、現にその大学で働き、禄をはみ、教育研究に携わっている人間の見解が、ＯＢやＯＧの意見とつき合わされ、よりよき見解に高められていく。そしてそれが組織的に実現していく。そういう大学が、競争的環境にあって、サバイバルしていくことは間違いない。

今日の日本の大学は、大学紛争以来、かなり学内民主化が進んだとはいえ、意思決定において、前近代的要素をかなり強く残存させている部分もある。状況は、大学ごと、また同一大学内でも学部ごと学科ごとに異なっている。

ある大学では、職階のちがいはあっても、それは単に給与のちがいだけで、学問の地平においては、平等であるという原理が貫徹している。したがって、後任人事でも、新任人事でも、学科全員が対等に集って、候補者を出しあい、論文をよみ合い、自分の視点から候補者をしぼっていき、ぎりぎりまで全員でつめていく。

最終的な決定手続についてまで、全員の合意をもって決める。こうして、一人の候補者を決めていくのである。そういう大学もある。

他方、一人のボス教授が二、三人の仲のよい、常に連絡をとりあっている教授とのみ相談して、他の人にその決定をおしつけるという決め方をしている学科も現にある。

健全な大学では、教授も助教授も講師も助手も、近代的な対等の関係にたつ個人の集合体としての原理がつらぬかれている。

健全でない大学では、教員間のヒエラルキーが、軍隊の指揮命令系統のように考えられている所もある。そこでは、徹底的な話し合いはむしろさけられ、秘密裡に事ははこばれる。「あいつらにものを言わせるとうるさいぞ」というわけである。全員で討論し、合意をとりつけていく、あるいは、合意できないことを確認しあうルールが欠けている。

こうなると、自分に反逆したり、反旗をひるがえしそうな人物は、採用されない。皆おとなしく、ボスの言うことをよく聞く人間が集められる。そして、ボスはますますボスとしての地位を固めていく。日本には、こういう大学や学部、学科も現にある。

3　大学・学部の特性

第一章とも関係するが、ここでは視点を変えて、大学や学部のもつ特性を考えてみよう。M・ヴェーバーの唱えた「ゼクテ」論を参考にして、学部・大学の特性を考えてみると、次のようになろう。

ヴェーバーはゼクテの特性として、以下の項目を挙げている。

①一定の能力をもった有資格者の団体である。
②加入にあたって厳重な資格審査が行われる。
③官職カリスマや政治権力との同盟を否定する。
④自己の資格をたえず実証していく。

以上の四つである。（世良晃志郎『歴史学方法論の諸問題』木鐸社、一九七五年、一六六〜一六七頁。また、M・ウェーバーのゼクテ論を参照。世良晃志郎訳『支配の社会学』Ⅱ、創文社、一九六七年、六四四〜六六六〇頁)。

これらを、大学や学部に当てはめて考えると、次のことが言えよう。①「一定の能力をもった有資格者の団体」というのは、教授は、とりわけ、研究や教育において、通常に人よりも、優れたものをもっていなければならない。

②の「加入にあたって厳重な資格審査が行われる」というのは、大学や学部に採用されるにあたって、第二章で述べた公募による選任にしろ内部採用にしろ、甘いとか厳しいとかの差はあるにしても、審査が行われる。

日本のばあい、教授になるのに、博士学位や教授資格はいらないが、その学部に受け入れられるにあたって審査がある。審査に合格すること自体が、その大学や学部に入会する資格をもっていることを意味する。

③「官職カリスマや政治権力との同盟を否定する」という特性は、ドイツでも日本でも、適合しないのではないか。ドイツでは、官職カリスマであるアルトホフと結びついた教授がいたし、日本では、教授でありつつある政党の成員であるケース、ある政党の成員である者が大学の教授になるケースが多くある。

そういった意味において、この特性は当たらない。しかし、純粋に考えれば、大学教授は、学問の研究と教育、大学・学部の運営能力だけで勝負すべきであって、その他のどの政党の構成員であるとか、官僚のだれそれと親しいとか、政府のだれそれから多くの資金を引き出してこれるというのは、本質的な要因ではない。こう考えてくると、「官職カリスマや政治権力との同盟を否定する」という特性は、純粋形態としては、あり得る。

④「自己の資格をたえず実証していく」という特性は、大学教授に大いに当てはまる。教授は、研究において、論文を書かなければならない、学会で発表しなければならない。教育においては、自分の担当する学問・科目を学生に的確に教えなければならない。また、国民教育全体とのかかわりからいえば、たえず世間に成果を問い続けていかなければならない。こうして、大学や学部の内部で、自己の存在を証明し続けるのである。

このように大学・学部が一種の有資格者の団体であるとするならば、大学教授は自己の資格証明を絶えずし続けていかなければならないことになる。つまり、自己の存在を主張しうるだけの仕事(研究・教育)をしていなければならない。これは、たいていの場合、研究成果の発表や授業という形をとることは言うまでもない。

しかし、この存在証明は、「研究」レベルのそれは、質はともあれ量は測定可能であるが、「教育」レベルのそれは、測定が難しい。これまで、大学においては「教育」はさして問題とされてこなかった。

存在証明が必要であるとすれば、教授は、自己の担当している学問や科目が、一般教育、専門教育（ばあいによっては大学院教育との関わりにおいて、もっと言えば大学教育全体）とのかかわりにおいて、いかなる意味をもっており、いかなる位置を占めているのかを常に理論化しておかなくてはならない。必要があれば、それを発表できる準備はしておく必要が不可欠であろう。

4　学問の自由

学問の自由は、今日では、市民的自由の一つと目されている。大学にとって、学問の自由は、大学の自治の重要な構成要素である。

すでに述べたように、そもそも大学は、中世ヨーロッパにおいて、学位授与権、免税、講義停止などの特権をもつ「学ぶ者と教える者との団体」（ギルド）として出発した。知識の保存伝達が主な機能であり、教会が公認した以外の教育内容を教えることはできなかった。今日われわれが「学問の自由」と呼び慣わしている権利が定着するのは、「思惟の自由」(lierats philosophandi)を契機として、大学が宗教の桎梏から解放された一八世紀の啓蒙期から一九世紀にかけてのことであった。アメリカ独立革命やフランス革命においては、学問の自由にかんする規定は生まれなかった。学問の自由という理念はすぐれてドイツの精神風土の中から生まれてきたものである。プロイセン憲法やフランクフルト憲法にも、学問の自由にかんする規定はあるが、とりわけワイマール憲法は「芸術、学問、およびその教授は自由である。国は、これらのものに保護を与え、かつ、その育成に参与する」(一四二条)と定めている。この思想は現行ボン基本法の「芸術および学問、研究および教授は自由である」(第五条三項)という規定に受け継がれている。

翻って、日本の明治憲法は学問の自由を規定していなかった。学問の組織体である大学の自治は慣行的性格が強く、明治憲法のもとで、森戸事件、天皇機関説事件、滝川(京大)事件などに象徴されるように、学問の自由を侵す事件が頻発した。

この反省のもとに、現行日本国憲法は、第二三条で「学問の自由は、これを保障する」と明記している。これは、「国民の権利及び義務」の章の一項であることからも明らかなように、思想良心の自由、表現の自由、信教の自由や職業選択の自由などとともに、国民精神の基本にかかわる市民的権利として保障されている。したがって、学問の自由は、大学の研究者が占有すべきものではなく、大学自治や研究・教育の自由をも含み、市民的自由のコロラリーと考えられている。

5　自治をめぐる教授の意識

たいていの大学教授は、大学は自治権を持っていると考えている。自治を主張する限り、研究や教育の他に、大学の運営に参画すること、さらに詳細に言えば、学長や学部長、運営委員の任務を引き受け、学部や大学・研究所の運営業務を担うことはさけられない。自治を主張しつつ、そういう業務を担わない人はパラサイトである。

しかし、これまで、大学の自治を担うための運営業務は雑務とされてきたり、学内政治の好きな者がやればよい、と考えられてきた部分もある。たいていの者は、自治は主張するが、自治業務を担わずに、自治の成果(果実)だけは享受するというのが常態であった。これを積極的に担う精神のない人は、官僚や理事会に教育や研究に中身が支配されてもよいと認めるのと同じである。自治を標榜しつつ、運営には参画しようとしないのは、自己矛盾、パラドックス的存在であると批判されても仕方がない。

従来、大学教授の任務として必ず挙げられてきたのは、研究と教育であって、必ずしも大学運営への参加は強調されてこなかった。しかし、考えてみれば、第一章でも述べたように、大学はその発生以来、学位授与を根本機能とする自治団体(ギルド)なのであった。歴史的には、運営への参加は相当なウエイトを占めていた。にもかかわらず、日本ではあまり強調されてこなかったのである。

学部自治、学科自治、講座自治、これらが大学自治の総体をなすが、各部や学科のことを知っても、全体としてのくみあがり方を知らなければ、総体的に理解したことにならない。

しかし、学生も大学教授も大衆化し、学園紛争も経験した現在、どのような大学運営のイデオロギーを抱くにせよ、時代は、教授の任務の一つとして、大学運営への参加を強く意識させる。とすれば、大学運営に主体的に参加し、大学自治を積極的に担う精神と力量の形成も、広い意味の力量形成(Faculty Development)の範疇・内実に入ってくると断言してよい。

とすれば、大学教授になることを希望する者は言うに及ばず、現職の大学教授も、大学自治の歴史、法制、大学運営の仕組み、学長や学部長を選ぶ決まりと手続き、後継者の選び方などを、体系的・組織的に学ぶ必要がある。そのための、装置をつくることが求められるであろう。

第七章　大学教授の任務と求められる資質・能力と評価

1　資質・能力

大学教授に不可欠な資質と能力については、すでに第一章で部分的に言及した。①専門としている学問領域にかかわる研究能力、②担当する科目や学問を学生の理解力にあわせて、わかりやすく、すじみちをたてて教え、学生の人格形成や持って生まれた才能を引き出す能力（教育能力）、③大学や学部などの組織運営を担う力（自治の精神）という三つの能力のほかに、④社会的な仕事（たとえば、省庁・都道府県の委員を引き受けることや学校の教授たちの要請に応えること、すなわち、自治会やＰＴＡなどを担い組織を動かす）をこなしていく能力、合計四つの能力であった。

学生の立場からすると、大学教授の究極の存在理由は、突き詰めていえば、学生に学問的思考訓練を責任をもって施し、学生が持って生まれた能力を十全に引き出すこと、知識と技能を授けること、これ以外にない。その他のことは、大切なことではあるが、学生の立場からすれば、付加的な価値しかもたず、大学教授の本質的任務ではない。

本章では、現実にそくして、大学教授の身に付けるべき能力とその能力を伸ばす方法について具体的に考えてみよう。

(1) 大学教授が身につけるべき能力

大学教授が身につけるべき能力は、総括的にいえば、大学教授の「教育能力の構成要素」としてまとめることができよう。すなわち、①専門能力、②社会的能力、③方法能力の三つということになろう。

①専門能力とは、自分の教える専門内容に精通していること(当たり前ではあるが)、最も新しい学会の動向や研究成果を知っていること、要求される学問の水準に達していなければならない、教材を整理・構造化していること。こうした能力を専門能力という。

②社会的能力とは、話し易さ・学生からの質問や話しかけられたばあいに気軽に反応する、学生が困っているとき喜んで援助する、明るい雰囲気・公開的雰囲気をもっている、学生と同行者のようなコミュニケーション能力をもっている、グループのゴタゴタや葛藤をコントロールする能力な

どを意味する。

③方法能力とは、相手の言うことや主張を理解する能力、教育内容や聞き手に応じて、提示方法を変える能力、ＯＨＰやコンピュータなどのメディアを使いこなす能力、学生たちを動機づける能力、グループを作って活発に共同作業を展開していく能力のことである。

大学における教授法として、さまざまな態様が考えられる（「第四章　大学教育の方法」を参照）。

(2)「相対的不可欠性」と「絶対的不可欠性」

必要な資質・能力を「相対的不可欠性」と「絶対的不可欠性」に分けて、考えてみよう。

相対的不可欠性としては、協力性、協調性、自治能力、学生の面倒見の良さ、つきあいのよさなどが挙げられよう。

絶対的不可欠性としては、学問的知識、理論的展開力、説得力（教育力）、要するに教育研究にかかわる能力が挙げられよう。

研究・教育にかかわる能力がなければ、いくら協力性、協調性、自治能力、学生の面倒見の良さ、つきあいのよさなどがあっても、大学教授としては不十分であり、採用されない可能性が高い。

(3)大学教授の責任と権限

大学教授は、何を、いかに構成して、どのような方法で教えるかを決める権限をもっている。ということはとりもなおさず、そのための責任が無限にあることにほかならない。

教授の活動は、大学の自治、学問の自由に適合するかぎりにおいてなされるという限定条件があるのであって、したい放題ではないのだ。

(4)大学における教育権の行使

教育権をどのように行使していくかということについては、法律や学内規則の特に定めるところ以外は、教授団(とくに学部)に固有の決定権があり、最終的な決定権も当然教授団(学部教授会)にあるといってよい。

2　大学教授をいかに評価するか

(1)職務誠実義務を果たしているか

大学教授は、大学設置者と契約を結んで、ある大学の専任教授となる。国立大学の教授のばあい、任命権者は文部科学大臣（大学法人になってからは学長）、法人立のばあい理事会である。国立公立私立を問わず、当該大学でのさまざまな仕事を職務として果たすことを条件に、大学と契約をして、任命される。この契約関係にあるという自覚を、大学教授としても、研究者としても、職業人としても、そして一個の独立した人格としても、もつことが大切であり、大学教授としての、第一歩である。こうした自覚をもてない人間、もとうとしない人間は、大学の教授になるべきではない。

大学の教授は、契約した職務を誠実に果たすことを条件に、俸給を受けているのである。極限的表現をすれば、学生は授業料を納付しているのであって、先生方の給与や研究費を納めているのではない。教授の仕事の主なものは、自分が教えると契約した科目を誠実に講義すること、研究して学問領域の発展に貢献すること、授業以外にも学生の指導をすること、大学運営の仕事や研究室運営の仕事を、その組織の運営方針や慣行・規約にしたがって担うことであろう。とくに、大学や学部・研究室運営の仕事は、大学自治の内実をなすので、雑用視してはならない。

こうした仕事を職務に誠実に果たさない教授は、低く評価されたり、退職させられても、それが不当であると言い立てる論理的正当性をもたない。

(2) 大学教授の能力にかんする評価

どういう視点で大学教授をみるか、基本的には、先に挙げた①研究能力（学問にかかわる能力）、②

教育能力(このなかには、人格的な教育力もはいるが、担当する科目や学問を、学生の理解力にあわせて、わかりやすく、すじみちをたてて教える能力。教材準備とか説得力もこれにはいる)、③大学の運営に参画する力(一言で表現すれば、自治の精神)、この3つの能力について評価すべきであることは、これまでの叙述から論をまたないであろう。

学生からみたばあい、大学教授は、「授業」という観点から評価する必要があろう。しかし、学生が大学教授を評価するということは、評価する学生自身も問われているということを自覚しておく必要がある。授業への出席率、予備知識、授業を理解する能力、論理を追う力、表現能力など、学生自身のすべてが、教授の評価とは全く正反対に問われているという事実をも知っておくべきであろう。

ある教授が、何を、どのような内容構成で、いかに教えているかは、教授の専決事項である。授業内容の構成の仕方は、学生たちにとって、わかりやすいかは、評価の対象になると私は思う。しかし、授業内容の学問的正しさは、一般には、評価の対象となりにくい。

3　大学教授の力量形成(FD)と継続教育

大学教授も力量形成や継続教育、すなわち生涯にわたっての自己教育をしなければ、学問の進歩、教育方法、学生の意識や求める能力の変化、大学を取り囲む客観的情勢の変化などについていけなくなっている。では、どうすれば、現職についている大学教師の質を高めることができるのか。慣行や惰性で大学教授という職業を遂行すべきでなく、自覚して、意識的に自己のレベルを高める必要があることは、これまでの叙述で理解できるであろう。どういう点について、継続教育をしていけばよいのか、主な事項を挙げてみよう。

①大学の歴史、大学および大学教師についての歴史や法的規定を、大学教師たる自己の実存・職務実践と絡めつつ、学修していく必要があろう。

②大学教育について、教材準備の仕方、提示方法、動機づけ、相手に説得的に提示する方法を、常に研究し、自己を高みへと引き上げていかなければならない。

③自分の専攻する学問領域について、新しい知識・技能を獲得するために、国内学会、国際学会などに出席して、他国や自国の他の研究者と交流する。それだけでなく、発表して他流試合をする。

講演会や国内・国外の学会などに出席することによって、経験を交流し、自己の継続教育に努めなければならない。継続教育は、教授個人の大学教授学的課題であると言わなければならない。また、自分の指導する学生にも他流試合をさせることが肝要である。

④学生のライフ・スタイルや意識構造の変化を知る努力を常にする。

これらのことを、生涯にわたって学修しつづけることが肝要であろう。継続教育は、大学教授の職業人としての本質的課題であるといっても過言ではない。しかも、自治を標榜するかぎり、教授学の研究成果を利用するのも、継続教育をするのも、しないも教授の自由意志に委ねられている。継続教育のための特別に有効なシステムはない。したがって、自覚して自己の継続教育に自覚的に取り組むよりほかに方策はない。これが、大学自治の自治たる所以である。

第八章　大学教授の養成システムの確立と大学教育学の構想

これまでの叙述をもとにして、よりよい大学教授の養成システムとそれと密接に関係している大学教育学（大学教育についての学問的考察）の内容を考えてみよう。

1　大学教授養成システムの確立

(1) 大学院における養成

大学教授には、国公私の大学を問わず、とくに指導能力・教育能力が必要であることが明らかとなった。とすれば、その能力を十分に形成するべく、大学教授の養成課程（大学院）において配慮がなされているか否かが問われなければならない。

大学教授の大部分は、大学院で養成される。であるとすれば、大学院における養成問題を考えねばならないことになる。

これも繰り返しになるが、大学院の任務は、大きく分けて、①大学教授（後継者）の養成と②専門職業人の養成の二つがある。大学教授後継者の養成においては、必要な資質・能力を大学院生が身に付けるシステムを確立しなければならない。

大学教授になる道は、すでに述べたように、「一般的コース」として、学生→大学院博士課程前期（修士課程）→大学院博士課程後期（博士課程）→助手→講師→助教授→教授である。その他のコースとして、ジャーナリストから、外交官から、官僚から、高校の教諭から→助教授あるいは教授へという道がある。それぞれの職業経験を活かして、職業実践が可能である。このばあいにも、「教育は働きかけである」という原則を逃れるわけにはいかない。むしろ、自分の持っている知識や経験をいかにしてうまく学生に伝えるかを考えざるを得ない。

しかし、後者のケースはまれであり、大部分は、前者のケースである。そのほか、現在では、客員教授とか特任教授とか呼び名は多様であるが、ジャーナリストや会社の役員・社長、弁護士、公認会計士、俳優、コピーライターなど学外の人を期限付きで招聘するシステムを採用している大学もある。

さらに、最近では、法科大学院やビジネス大学院などのように、後継者養成を目的としない専門職大学院も設置されるようになった。

(2) ドイツにおける大学教授の養成

では、日本の大学教授養成の特質を明らかにするために、学位と資格が必要なドイツの例を挙げてみよう。

ドイツでは、大学教授の資格を取るための試験を「ハビリタツィオン」と言う。この試験に合格すると、「教授資格」(licentia docendi)を大学(学部)から授与される。これは、教授ライセンスと考えてよい。大学教授資格試験(ハビリタツィオン)を受けるためには、ドクトル学位をもっていなければならない。ドイツの大学教授が、全員博士学位をもっているのは、こうした理由による。

大学教授資格試験(ハビリタツィオン)は、ハビリタツィオンのために書かれた論文の提出、学部成員のまえでの口頭試問(コロキウム)、全学に公開して行われる試験講義、この三つの試験から成り立っている。

論文によって問題発見能力、問題設定能力、資料操作能力などの研究能力や文章能力が試される。学部成員のまえでの口頭試問(コロキウム)では、研究内容を教授資格取得者のまえで説得的に、分かりやすく発表する能力が試される。この試験が、最もきついと言われている。公開の試験講義では、必ずしも専門家ではないが、他の学問領域を専攻している教授や学生のまえで、分かりやすく講義し、表現する教授能力が試される。

現在ではハビリタツィオンをめぐる議論はあるが、「大学教授になることを希望する者は例外なくハビリタツィオンによってのみ講義する権利を獲得すること」が全ての大学で行なわれるようになっており、「大学大綱法」(Hochschulrahmengesetzt)でもそのように定められている。

資格をとるための試験があることがドイツの大きな特徴の一つである。さらに、ある大学に就職できたからといって、そこで昇格できるわけではない。たとえば、助教授から正教授に昇格したければ、他の大学に移らなければならない。これを、「同一学内招聘禁止」という。このように、ドイツの大学教授は、常に競争原理にさらされているのである。

ところが、事情は最近少し変わりつつある。「ジュニアプロフェッサー」という制度が導入されたからである。

ハビリタツィオンと言えば、私講師と並んで、ドイツ大学の特徴として、真っ先に挙げられるものであった。ドイツでは、学術大学の教授になるには、必ず教授資格(venia legendi)を取得していなければならなかった。しかし、最新の「大学大綱法」によれば、必ずしもハビリタツィオンを受け、大学教授資格を取得しなくても、教授(かつての正教授や員外教授に相当するポスト)になる道が開かれている。それが、ジュニアプロフェッサー(Junior professor)と呼ばれるシステムである。それは、かつての助手に相当する職務を果たすが、教育と研究については、教授と同等の権限を持っている。ただし、学部長や学長に選出される権限はない。

古典的大学の象徴であったハビリタツィオンが廃止されたわけではないが、洋の東西を問わず、人は安きに流れるもの、こちらの道を選択する教授志願者が増大し、いずれはこちらが主流になるとドイツの研究者は口を揃えて言っている。

以上挙げた対策は、表面的には個々バラバラに見えるが、本質においては、国際化・産業化（市場原理）という同じ現象にたいする異なった対応策であり、相互に関連した統一的性格をもつものと言わなければならない。

(3)日本とドイツの比較

こういう外国の現実を目の当たりにすると、まだ日本の大学教授は恵まれているとも言えるし、甘いとも言える。養成の問題が日本の大学教授の教育軽視を規定していることは、間違いない。大学教授になるのに「資格」はいらない。博士号の学位さえも、必須の条件ではない。専門職のなかで学位や資格がいらないのは、日本の大学教授だけと断言しても過言ではない。だから、日本の大学教授は、外国では、一段格が下に見られることがままある。

日本でも、十分とは言えないかも知れないが、文献調査の方法、資料の集め方、データ解析の仕方、解析結果のまとめ方、論文の書き方、学会発表の仕方など研究者になるための訓練は一応は受ける。しかし、大学教授になる教授学的訓練は、皆無といってもよい。このことが、すべての原因とまでは言えないとしても、かなり比重を占めている原因と考えてよい。

(4) 大学教授養成の改善策

現状の大学院が大学教授の養成に不十分であろうとも、大学教授の大部分は大学院において養成されるという事情は、しばらくは変わらないであろう。とすれば、現行のシステムのなかで、いかに指導法に通暁した大学教授を養成する工夫をするかに、大学教育の質はかかってくる。

どうすれば状態がよくなるかというソフトウエアを考える必要がある。慣行やだ性で大学教授を養成する時代は終わった。意識的に大学教授の養成を考えなければならない時代にきている。

大学教育の目的が「特定の企業や団体のためのものではなく、公的性格をもつ全体のものである」であり、「自分をベースにして、グローバルな視点から考察する能力、すなわち、問題の核心を発見する能力(問題発見能力)、問題や論点を整序し、それぞれの次元で考える能力(合理的思考力)、問題提起をする能力(問題発信能力)、合理的な解決法を考えていく能力(問題解決能力)、解決のために人的ネットワークを組織したり、活動を展開しうる能力(コミュニケーション能力、組織力)などの基礎的(fundamental)かつ普遍的(general, universal)能力をもつ自律的人間を育成する」であるとするならば、そのような能力をまず、教授自身が身につけておくべきであろう。このような能力を育成する養成課程が考えられなければならない。

①大学における教育実習をさせる

実際に大学で実習をするためには、前述の研究を基礎として、教育や指導法について、予め学修しておかなければならない。実習で教授する内容、学生に伝達する内容がなければ、実習は成立しない。研究内容と教授内容とを一致させる工夫も必要であろう。実習をするには、前提となる学修が不可欠である。事前に学ばなければならない事柄は無数にあるが、主なものを挙げてみよう。

実習にあたっては、前もって、教育という営みの本質、大学教育の特性、教育内容の明確化、受講生のレベルの把握、教授学上の主要原則、教材配列の原則、学修の形態など、教育の基本的な事項について学んでおく必要がある。

②大学自体についての学修

大学教授たる者、自分の職場である大学の歴史や構造についても知っておかねばなるまい。このばあい、大学の起こりと特性、大学の自治についての理解がまずは基本となろう。

端的にいって、現代における大学は、学問(教育と研究)を媒介にして人と人が出会う場であり、学位授与権を有する高等教育機関にほかならない。その淵源は一二世紀の中世ヨーロッパにさかのぼり、学位授与権のほか、交通、免税、講義停止などの特権をもつ「学ぶ者と教える者との団体」(ギルド）であった。このことは、最低知っておく必要があろう。

大学の自治は、大学の成員が大学および自分たちにかかわる事柄を、外部の勢力の介入なしに、理性的に自己決定することをその内実としている。すなわち、何を教えるか、どういうテーマで研究するか、どこで発表するか、誰を入学させるか、誰に学位を授与するかなどといった研究・教育にかんする事項も、誰を学長に選出するか、誰を学部長にするか、予算をどう使うかなどといった組織運営にかんする事項も、すべて自治の範囲内にはいる。

こうした自治権は、近代国民国家の形成以前から、歴史的実態として作られてきたものが多いが、現行日本国憲法では、「学問の自由は、これを保障する」（第二三条）という短い条文のなかで規定している。大学自治は、大学人のエゴから作られたのではなく、長い時間をかけて、大学と国家や社会との関わりの中で歴史的、実態的に形成されてきたものであることを、心に留めておきたい。

そのほか、以下の内容を是非体得しなければならない（内容は、前に述べたので、繰り返さないので、参照していただきたい）。

③大学における教授法についての学修

④他流試合のすすめ

⑤学生のライフ・スタイルや意識構造の変容を知る努力をする。

2　大学教育学の必要性

大学での学び方、中等教育でこれまで学んできたことと大学で学ぶこととの接続の問題、大学生活の有意義な過ごし方などについての適切な助言やカウンセリングは、現在の大学教育の主要な領域となっている。この問題を大学教授の側から主体的に受け止めれば、大学教育学の問題となる(荒井克弘編『大学のリメディアル教育』広島大学大学教育研究センター、一九九六)。

大学教育学の主な任務は、大学における教育および学修の過程を究明し、その影響を研究する学問である。言いかえれば、それは大学教育の目標および内容を確定し、基礎づけること、教育の順序と作業計画を作成し、それを検証すること、学修過程のもっている制度的および個人的諸条件の分析と影響を研究することなどを主要な作業課題としている。したがって、大学教育学は、大学における教育現象のすべてにかかわる学問であると言えよう。とすれば、大学教育学は単一の領域だけを研究対象とするのではなく、学際的な「大学学」の一環としての性格をもっている。

したがって、主には、これまで歴史的に伝承されてきた学問的生産物をいかに学修し、自己のものとしていくかという観点から、大学における教育方法も決まってくる。すでに述べたように、明治大学の創設者の一人岸本辰雄は「元来真の学問とは、他人から授けられるものに非ずして、自ら学び得しものならざるべからず」と言っている(明治三六年『明治大学の主義』)。

したがって、大学教育の主要形態として、助言(命令ではない)、講義、演習、自己学修などが挙げられよう。

(1) 大学教育学の問題領域

大学教育学の領域を包括的に考えてみよう。それは、①大学とは何か、②学問とは何か、③大学における学修とは何か、④中等教育で学んできたことをいかに大学での学修に結びつけるか、⑤大学でいかに学修すべきか、⑥学修者は自己教育をどうすればいいか、⑦いかに休暇を過ごすべきか、⑧借金をせずに、経済生活をうまくやっていくためには、どのような原則に従えば良いか、⑨学生仲間、教師、近隣住人といかにつきあうか、⑩趣味や政治、宗教にどのような配慮をはらえばいいか、などといった大学生活全般にかかわる問題領域が考えられよう。

これらの問題を整理してみると、学術教育にかかわる領域と学術以外の大学生活にかかわる領域とに分けて考えることができよう。

学術教育にかかわる領域においては、「学問の本質」および「職業としての学者(大学教授)の本質」、「大学の本質」などが考えられる。

学生が学ぶという観点からは、「大学における学修の本質」、「大学における学修のための不可欠の前提(具体的には言葉についての知識、数学、自然科学、健康、人生観など)」、「学修の仕方(教師の選び方や講義の利用の仕方)」、「自己学修の仕方」というように、大学から提供されるさまざまな機会(図書館をも含む)の利用の仕方や自学自習(自己教育)の方法が具体的に解説される必要があろう。

学生が大学生活を送る方法については、「身体の教育」、「経済的生活の送り方」、「仲間との生活」、「趣味・政治・宗教」にたいする配慮といった生活指導にかかわる事項についても落とすわけにはいかない。

これら実践的な領域のほか、大学教育学の領域には、大学の歴史、学部、学位、国家と大学との関係、教授とその他の教師たち、教授形態、大学職員などが、主要な領域としてふくまれなければならない。

(2)大学教育学の手法(アプローチの方法)

大学教育学の具体的な考察対象は何であり、どのような手法(アプローチの方法)が可能なのか。この問題に対して、ハンブルク大学教授、L・フーバーは次のような手法を提案している。

①教授技術的手法(大学教育の効率が良くないという批判に対応する)。

②社会心理学的手法(教授・学修の過程における教師・学生の人間的接触が少なく、クールな関係であると

いう批判に対応する)。

③教育課程的手法(大学における各学問領域の教育内容が理論的な弱さをもっていて、教育実践的な機能の障害を引き起こし、学生の学修動機を減退させているという批判に対応する)。

④科学理論的手法(大学における学問それ自体が危機的状況に直面しているのではないかという問題に対応している)。

⑤職業実践的手法(大学における学修や教育と卒業後の職業実践とはどのような関係にあるのかという疑問に対応する)。

⑥社会化理論的アプローチ(学生の中に、社会的態度や社会的能力をいかに形成するかという問題に対応する)。

これらの問題と手法は、科学理論的手法をのぞけば、これまで初等・中等学校の教育課程や教育方法に対する考察、いわゆる教育学が、これまで築きあげてきたものばかりである。とすれば、大学教育学の手法や研究領域と初等・中等学校の教授学の手法や研究領域とは、いかなる点において同じで、いかなる点において異質なのかという疑問が湧いてくるが、フーバーはこの疑問に答えてくれるような記述はしていない。

(3)大学教育学発生の背景

ではなぜ、一九六〇年代に大学教育学が急速に大学学問となる必要があったのか。その背景を探ってみたい。

①すでに述べたように六〇年代にはいって、全世界的に学生の社会的選別を除去する政策がとられた結果、大学教育が多くの学生に開放され、学生・教師・大学の数が増大する、いわゆる大学の大衆化現象をもたらした。

②このことと密接に関係しているが、一九六〇年代末期の学生運動によって、一九世紀的な古典的大学教育が厳しく批判された。

③古典時代の「古き良き時代」の伝統(傑出した教授による少人数教育・エリート教育、卒業生は高級官職や指導的地位に就く)が失われた。

④伝統的な貴族主義的学問訓練と大学の大衆社会状況との亀裂が深まり、大学教育は、従来のやり方では、どうしようもなくなってきた。

もちろん、これらの大学教育学が必要な背景を考えてみれば、それは、伝統からまったく断絶したところから興ってきたのではなく、大学および大学教育についての学問的蓄積を土台として、大学教育学の必要性が認識されはじめたのである。

(4) 大学教育学をはばむ要因

上述のように、大学教育が大切であるという認識は広がりつつあるが、それを学問として確立するための客観的状況は厳しく、その発展をはばむ根強い要因がある。それらは、大学の伝統のなかで歴史的に形成されてきたものが多い。

①教授による自治・自己決定：何を、どう教えるかは、教授の自由裁量に属する。大学教育センターや大学教育学者には、教授法の改善を強制する権限はない。

②教育や教授学を重視しない伝統：大学教師の昇進や評価は、教育効果や教授法のうまさによってではなく、研究業績によって行われてきたし、現に今も行われている。したがって、大学教師のあいだでは教授学的訓練を受けるということは、あまり良い響きをもたない。

③学生の学修の自由：必須科目と選択科目の区別はあっても、学生は学修の自由をもっている。何を、どう学ぶかは、学生自身が決めることである。

④大学教育学の科学論的弱さ：大学教育学が一応できあがったとして、それは統一的な学問体系

として確立されうるのか、それとも、さまざまな学問分野を横断的に寄せ集めた学問にとどまるのかという問題をかかえている。

⑤大学教育の貴族主義的性格と大衆化された大学教育との矛盾：ヤスパースも「大学の原則は精神貴族的なものである」と言っているように、大学は、端的に表現すれば、貴族主義的な学問的訓練をその伝統としてきた。したがって、貴族主義的な学問的訓練の原則を堅持すれば、大部分の学生はついていけない。反面、大部分の学生に理解できる大学教育は、貴族主義的学問的訓練の原則と抵触する。この矛盾に、大学教育学は答えきっていない。

このように大学教育の歴史と現状を概観してくると、伝統の規定力が非常に強いことが分かる。大学教授をめぐる客観的情勢は、決してバラ色ではない。

大学の大衆化状況に教授の意識や大学教育がついていけずに、大学教授の継続教育や大学教育を改革する必要性が叫ばれているにもかかわらず、継続教育や大学教育改革はなかなか浸透しない。このように、大学人の悩みは深い。にもかかわらず、なんとか現状を打破して、大学教育を改善していこうとする努力は粘り強く続けていかなければならない。

第九章　大学教授の自己相対化のために——大学の歴史的研究のすすめ

1　自己相対化の重要性

人間は自分で思っているほど賢い生きものではない。むしろ不完全な存在だ。大学の教授とて例外でない。

できるだけ愚行や被教育的行為をさけるために、さまざまな角度や立場から検討し、自己を相対化して、ハダカの王様にならないように方策を講じていかなければならない。方策には、私は三つあると思う。一つは、学生の授業評価に、虚心坦懐に耳をかすこと。とりわけ真面目なよく質問にくる学生の声は、耳をかたむけるに値する。二つは、歴史を調べることである。大学は一二世紀のヨーロッパにその源をもち、約八〇〇年の歴史をもっている。その間、いろいろな教師がいた。三つは、同じ職業の人々と話をすることである。このばあい、同じ大学の人、他の大学の人、外国の人が考えられる。できたら、この三者とコミュニケーションをとって、自分を相対化することが肝要であろう。

2 歴史的研究による自己相対化——一事例として

大学の歴史的研究の一隅に身をおく者として、常日頃考えている問題は、大学および大学教授をどう歴史的に理解するかという問題であり、さらに現在日本の大学をいかに認識するかという問題である。この両者は根底において結びあい、相互に規定しあっている。このことは、日本の大学実態を含めた現代社会の大学状況を歴史的に理解するためには、通時的・時系列的思考と共時的・同時代的な思考との双方が不可欠であることを意味している。時系列という縦糸と同時性という横糸との接点で大学という現象を把握しようとする努力が、歴史認識にはどうしても欠かすことができない。後述する優れた研究は、このことを十分に自覚して行われている。

この二〇年間にドイツ・中欧には大変動という事態があった。ドイツの再統一があり(一九九〇)、社会主義諸国の政治体制の転換があり、一九九三年一月一日をもってチェコ・スロバキアが解体し、チェコ共和国とスロバキア共和国が成立した。またフランス革命二〇〇周年もあった。ヨーロッパ連合(EU)が結成された。

今まで、われわれ日本人はヨーロッパやアメリカにモデルがあり、それを勉強し、日本の状況に適合するように作り替えればなんとかなると考えてきた。この思考方法は、大学に限らず、近代日本の思考様式の主流をなしてきた。そして、このやり方は、ひずみを産んだとしても、それなりに成功したといってよいだろう。しかし、今後は有効かどうか分からない。ヨーロッパやアメリカ自体が変動し、モデルがないかもしくはモデルが多種多様にあるというアモルフな時代にはいっていくからである。このことは、西洋近代が生み出したモデルや思考様式が、完全に崩壊しきってはいないとしても、少なくとも根底から揺らぎ始めていることを意味する。

変化変動の時代にあっては、われわれの生きる場である日本の大学問題を考察し、解決していくための独自の思惟様式・スタイルを主体的に構築していくことが、よりいっそう肝要になってくる。すなわち、日本の現実を前にして自己のなかに生起する問題意識を契機として、外国の大学――たとえばドイツの大学にかんする思想や大学制度――に切り込み、問題解決の知恵や思考様式をつかみ取ってきて、外国認識・歴史像を形成し、それらを発信することがますます重要になってくる。われわれが、外国の大学(史)を必死になって研究する意味、存在理由は、ここにあると言ってもさしつかえない。

日本の大学実態に直面して形成した問題意識を契機として、外国の大学研究を行い、問題を解決していく知恵や思考様式、外国認識・歴史像を獲得して発信するという視点から考えたばあい、どのような姿が見えてくるのかという問題を、本書を通して考察してきたといってもいいだろう。私たち外国大学研究者が自覚すべきことは、世紀の転換期を、柔軟な精神で逞しく生き抜き、日本の大学実態に立ち向かうための知的能力や知恵を、外国大学(史)研究を通じて、形成することであると思わざるをえない。

さて、このことを頭に置いた上で、大学教授が、自己を確認し、自分探しをし、自己を相対化するには、どうしたらいいかを考えてみよう。私の考えでは、二つの方策がある。

一つは、同僚や友人との会話(外国人も含む)である。経験や情報を交換することによって、自分を相対化するのである。たとえば、教育内容をどう組み立てているか、何を教材として採用しているか、学生の反応はどうか、どういう教え方や提示の仕方をしているかという授業にかかわることから始まって、国立大学の法人化はどうなっているか、それは私学にどういう影響をあたえるか、世界の大学はどういう改革を行おうとしているか、などいくらでも話題はある。

もう一つは、歴史事実に基づいて自己を相対化する方法である。これは、時系列にしたがって、自己の職業のルーツを考える作業でもある。ここでは、大学の歴史的研究によって、自己を相対化する道を提案してみたい。

大学論は、教授でも、学生でも、今、自分が教え、学んでいる現場——あるいはかつて教え、学んでいた場——であり、それぞれが体験的事実をもっているので、誰でも何がしかの真実を含んだ議論を展開することができる。しかし、そこにとどまっていてはいけない。

それを客観化、一般化し、共通の了解事項にするには、歴史的実態と法制的、制度的実態にそくして、考察しなおすことが必要であろう。そうしなければ、実りある議論はできない。

かく言う私はどうか。私自身は、大学の歴史、とりわけドイツの大学の歴史について、学生時代から一貫して関心をもち続けてきた。

考えてみると、「大学」という社会組織は、ヨーロッパ中世にその揺籃をもち、近代国家や議会制度よりも歴史が古い。神聖ローマ帝国内で最古の大学はプラハ(一三四八年創設)、ドイツ語圏で最も古いのはヴィーン(一三六五年創設)だから、約六五〇年の歴史的蓄積がある。せいぜい百年ちょっとしか経過していないわが国の大学とは比較にならない。

私の関心の重点は、学部や講座の構成の歴史、学部教授会や大学評議会の構成や権限、大学における教授法の変遷、大学改革や淘汰の歴史、国家と大学との関係などというように多様である。現在のもっとも関心をもっていることは、大学教授そのものの在り方にである。

というのは、学部教授会や大学評議会にしても、教育活動にしても、学問の研究にしても、大学自治の在り方にしても、すべて、人間とりわけ教授に大きく左右されるという単純な事実に気がついたからにほかならない。

実際、大学の人的成員は教授・学生・事務職員であるが、その中心的存在は、歴史的にみれば、教授がその中心的役割をになってきたといってもさしつかえない。そして、改革の成否にしても、大学の意思決定にしても、研究教育活動の質にしても、すべて最終的には教授のあり方にかかってくる。だから、教授について、社会的出自、学位、教授資格、選任の方法、任命権者との関係、ヒエラルキー、昇進のメルクマール、給与、意思決定機構への参画、社会的活動、継続教育(力量形成)の仕方、政治意識などの視点から検討していけば、大学の実態が見えてくるのではないかと思っている。

ドイツの大学史家P・モーラフは、大学史の研究には、①制度的次元、②科学史的・学問史的次元、③大学と環境との関係を重視した(包括的・複合的・社会史的)次元というように三つの次元があるという興味深い説を提唱した。これまで私が取り組んできたテーマはどちらかと言えば、制度的次元であり、せいぜい科学史的・学問史的次元にとどまっていた。これからは、「大学と環境との関係を重視した次元」において、教授を追求してみたいと考えている。

ところで、外国の大学史の研究は、現在の日本で生きている私たちにとって、どんな意味があるのだろうか。私見を言えば、これまで勉強してきたドイツの大学に関する歴史的事例を基に、自分なりに作り上げてきた大学に切り込んでいくための視点(アスペクト)は、必要な変更を加えれば、時代や国は異なっているとはいえ、わが国の大学の歴史を検討する場合にも、十分通用すると思う。

大学をみる視点は、教授される学問内容、組織の運営方法、人的成員、財政、運営方法や自治というように、時代や国の違いを越えて、共通なものがあるのではないかと思う。共通性があるが故に、わが国の大学史や大学問題、さらには著者が務めている明治大学史を考察するときにも、ドイツの事例を、一つの反射板として活用できるのである。

歴史学者木村礎氏(元明治大学学長、元明治大学百年史編纂委員会委員長)が、百年史を編纂するにあたって、「近代日本社会との結びつきを重視し、それによって明治大学を社会的広がりの中に位置づけること」という基本方針を打ち出している。これを、P・モーラフの説と関連づけて言えば、この主張は、明らかに「大学と環境との関係を重視した」次元をねらったものと理解できよう。

大学史および大学教授の歴史について知ることは、大学および大学教授を見る視点を拡大してくれる。そして、学んだ事柄は、心の支えになって、職業実践を豊かにしてくれることはまちがいないと思う。これは、私の経験から断言してもよい。

結　語——要するに、大学教授の職業倫理とは何か

本書では、大学教授の職業実践や大学教授を養成する上で問題となる事柄のなかから、重要なものを取り上げて検討してきた。やや繰り返しになるが、「要するに、大学教授の職業倫理とは何か」という視点から重要な論点をまとめておこう。

1　大学教授の仕事

大学教授の基本的な任務は、研究をすること、教育をすること、大学や学部の運営を担うことの三点に絞って考えることができる。医学部の教授には、もう一つ「診療」がはいる。研究をしない大学教授、教育をしない大学教授、大学・学部の運営を担わない大学教授は、大学教授たる存在理由をもたないとさえ言える。

①教育にかんしては、大学における授業の目的設定、構成、展開過程、学生とのコミュニケーション、プレゼンテーションのしかた、教材の準備の仕方、授業観察や学生観察の仕方、授業評価の仕方、他者(とりわけ学生から)からどう見られるかなど常に考えておく必要があろう。

②研究にかんしては、学会の専門雑誌に書く。できたら、外国の雑誌に投稿し、掲載されることが必要であろう。また、大学院の教授であれば、学生にもそのような力量を形成するのが、務めであろう。

③大学・学部運営(マネジメント)にかんしては、小は専攻の時間割作りや仕事の割り振り、中は学部の仕事の分担や学部長・学科長などの役職、大は大学全体の仕事(全学の教務やFDなど)や学外の任務(大学連合体や大学連盟の仕事)など、様々にある。一見雑務のようにみえるが、大学や学部が運営されていくための不可欠の任務である。大学の自治を標榜する限り、大学人は、こういう仕事をやらなければならない。そうでなければ、大学外の人や官僚に支配されても、いいことになる。

以上の三つが必要である。FD(Faculty Development、力量形成)は、もともと教授能力の伸張だけのことを意味するのでない。学部メンバー全員にこの三つの能力を伸ばしめることを意味している。したがって、教授能力だけを伸ばそうとしている現代日本のFDの考え方は、あやまりとは判断できないにしても、少なくとも考えられている範囲が狭いと言って間違いない。

2　本当の専門職業人とは

専門職業人（プロフェッショナル）に影響を与えられる人を、本当のプロという。たとえば、落語の世界でいえば、古今亭志ん生や柳家小さんのような人をいう。学者では、政治学では丸山真男、経済学では内田義彦、日本史では石母田正、物理学では湯川秀樹や朝永振一郎、教育学では長田新や梅根悟といったクラスの人が挙げられるであろう。

素人はいつも玄人を神秘化して考える傾向がある。だから幻想もなりたつのであろうが、玄人が玄人をみるばあい、非常に厳しく見る。神秘化もしないし、幻想も成り立たない。むしろ、やり方やトリックを見抜く。玄人の目で見るからである。

素人や大衆に受け入れられることは、それはそれとして、意味あることではある。しかし、本質的なことではない。教授や学者という専門職業人は、方法論なり対象論なり表現方法なりを、他の専門家から参考にされる、モデルとされるというのが、本当の専門職業人だと言えよう。

したがって、他の大学教授からモデルにされる大学教授が、本当の大学教授と言うことができる。

3　大学生と教授とは契約関係

大学志望者のうち誰を合格させるか入学させるかは、たいていの大学では教授たちが教授会において決める。学生が入学金と授業料を支払った時点において、教授と学生は教える・学ぶという契約関係に入ると考えてよい。その時点で、教授は教えるという義務が生じ、学生は教えてもらうという権利が生じるのである。

大学における教育行為というものは、教授(または彼の属する大学)が学生または保護者の委嘱を受けて、知識や技能、考え方を教えることを指す。これは民法に規定するところの契約の一種と考えてよい。すなわち、大学(学部)が合格者を発表し、学生が授業料を払いこんだときから、「教える」「教えてもらう」という関係が生まれると考えてよい。民法第六四四条には「受認者ハ委任ノ本旨ニ従ヒ善良ナル管理者ノ注意ヲ以テ委任事務ヲ処理スル義務ヲ負フ」という規定がある。すなわち、教授は「善良なる管理者の注意」をもって、学生に知識・技能を教えるという義務を負う。

「善良なる管理者」という語句は、大学における教育に関して言うばあい、教授が最善をつくして(ウソを教えないことや、休講をしないこと、私語の注意もこのなかにはいる)、学生たちに教えることを意味している。

したがって、教授が当然なすべき注意を払って教育をしなかったばあいは、注意義務をおこたったという理由で、責任を追及されても仕方がない。

最近、学生の学力が落ちたと嘆く教授も少なくない。しかし、入試で当の学生を入学させると判断したのは、理論的には、その教授自身である。嘆いてばかりも居られないはずである。なぜならば、少なくとも、判定教授会のとき反対しなかった。したがって、教授には、そのような学力をもった学生を教える責任がある。学力が足りなければ、足りるような方策を講じる責任がある。もっと言えば、入試を改革したり、国の教育政策を学力のついた学生が大学に入学してくるように、改善努力をしていく義務がある。そういう努力をしないのであれば、その大学を辞めるしか道はない。


大学教授とは、結論的に言えば、一八歳(ばあいによっては、一九歳から)から二三歳(大学院博士課程にいけば、二七歳以上)までの青年(女子も含む)に、知識を売り、思考訓練を施すことを商売にしている人たちである。ただし、店を出すのに審査があり、誰でもが知識を売り、思考訓練を施すことは出来ないけれども。

職業実践とは、商売の仕方、商道徳を意味する。その内実は、青年にウソを教えてはいけない。ただしい知識でもって、思考訓練を施さなければならないことなどがはいる。

4　教育への勇気

教育は「働きかけ」である。黒澤明は「弱い脚本からは弱い映画しか出てこない」といったが、私は「弱い働きかけからは、弱い教育しか出てこない」という確信を、実践を通してもっている。

教授のなかには、学生たちとうまくおりあいをつけて、衝突しないように心がけている人もいる。学生たちの人気はこういう人たちの方があるかもしれない。しかし、私は、こういう人たちに与したくないし、与しない。

「教育への勇気をもとう」と強い確信をもつようになったのは、私個人の教育実践もさることながら、二人の先達の話を読んだときであった。

福沢諭吉は、「百姓に乗馬を強う」と題して次のような話を紹介している。少し長いが引用してみよう。

私が子供を連れて江ノ島鎌倉に遊び、七里ガ浜を通るとき、向こうから馬に乗って来る百姓があって、私共を見るや否や馬から飛びおりたから、私が咎めて「これ、貴様は何《なん》だ」と言って、馬の口を押さえて止《と》めると、その百姓が怖そうな顔をして頻りに詫びるから、私が「馬鹿言え、そうじゃない、この馬は貴様の馬だろう」「ヘイ」「自分の馬に自分が乗ったら何《なん》だ、馬鹿なことをするな、乗って行け」と言ってもなかく乗らない。「乗らなけりゃ打擲《ぶんなぐ》るぞ、早く乗って行け。貴様はそういう奴だからいけない。いま政府の法律では、百姓町人乗馬勝手次第、誰が馬に乗って誰に会うても構わぬ、早く乗って行け」と言って、無理無体に乗せてやりましたが、そのとき私の心の中でひとり思うに、古来の習慣は恐ろしいものだ、この百姓らが教育のないばかりで、物がわからずに法律のあることも知らない（福沢諭吉『福翁自伝』岩波クラシックス21、一九八三、二三〇～二三一頁）。

ここには「自分の馬には打擲ってでも乗せてやるぞ」という諭吉の教育への強い意志があらわれている。

高橋和巳は、「私は『あたりまえのことを、あたりまえに言う』精神が、広く青年たちの基本的な態度となることを、衷心からのぞむ。ただ、その〈正〉の座標の裏に、〈負〉の座標があることを、頬を張りとばし首をしめあげてでも、次の世代につたえておかねばならぬ」と書いている（高橋和巳「戦後民主主義の立脚点」『孤立無援の思想』所収、岩波書店、一九九一、三九頁）。高橋は、青年たちが「あたりまえのことをあたりまえに言う」ことが基本的態度となることを本心から願っていた。しかし、それには〈負〉の座標、すなわち、言ったからには、行動したからには、「責任」が伴うことを「頬を張りとばし首をしめあげて」でも、伝えておかねばならないという強い気持ちを持っていた。

福沢諭吉と高橋和巳の二人の考え方は私の教育観の支えとなっている。遊びたい学生にとっては迷惑だろうが。

参考文献

本格的に大学と教授の関係を考察するのに、参考となる文献のうち、邦語でかつ筆者が読むことができた文献を挙げておこう。ここに挙げた文献以外にも、大学および教授にかかわる問題を本格的に考察するにあたって、十分参考になるものがあろうが、私の目にすることのできたのもに限ったことをお断りしておきたい。

Ⅰ　西洋の大学の歴史にかかわる基本文献

H・ラシュドール著　横尾壮英訳『大学の起源』上・中・下、東洋館、一九六六〜六八年。

石原謙著『石原謙著作集』第四巻、岩波書店。

皇至道著『大学制度の研究』柳原書店、一九五五年。

島田雄次郎著『ヨーロッパの大学』至文堂、一九六四年、一九九〇年、玉川大学出版部より復刊。

島田雄次郎著『ヨーロッパ大学史研究』未来社、一九六七年。

H・ラシュドール著　横尾壮英著『大学の起源』上・中・下、東洋館、一九六六〜一九六八年。

潮木守一著『近代大学の形成と変容』東京大学出版会。

S・ディルセー著、池端次郎訳『大学史』上・下、東洋館、一九八八年。

児玉善仁著『ヴェネティアの放浪教師』平凡社、一九九三年。

横尾壮英著『大学の誕生と変貌』東信堂、一九九九年。

別府昭郎『ドイツにおける大学教授の誕生』創文社、一九九八年。

II　日本の大学史および大学教授にかかわる基本文献

大久保利謙著『日本の大学』創元社、一九四三年、一九九七年、玉川大学出版部から復刊。

上原専祿著『上原専録著作集』評論社、一九八七年〜。

寺﨑昌男編『戦後の大学論』評論社、一九七〇年。

家永三郎著『大学の自由の歴史』塙書房、一九六二年。

伊ヶ崎暁生著『大学の自治の歴史』新日本選書一四、一九六五年　新日本出版社)。

寺﨑昌男著『日本における大学自治の研究』評論社、一九七八年、二〇〇〇年に増補版出版。

潮木守一著『京都帝国大学の挑戦』名古屋大学出版会、一九八四年。一九九七年に講談社学術新書に収録。

天野郁夫著『学歴の社会史』新潮社、一九九二年。

『東京帝国大学五十年史』東京帝国大学、一九三二年。

『東京大学百年史』全一〇巻。

竹田篤司著『物語「京都学派」』中央公論新社、二〇〇一年。

Ⅲ　現代の日本の大学にかかわる基本文献

櫻井邦朋著『大学教授』地人書館、一九九一～二〇〇二年。

櫻井邦朋著『大学の罪と罰』講談社、一九九四年。

櫻井邦朋『大学教授』地人書館、一九九一年。

寺﨑昌男著『大学の自己変革とオートノミー』東信堂、一九九八年。

寺﨑昌男著『大学教育の創造』東信堂、一九九九年。

寺﨑昌男著『大学教育の可能性』東信堂、二〇〇二年。

新堀通也編著『大学教授職の総合的研究：アカデミック・プロフェッションの社会学』多賀出版、一九八四年。

山野井敦徳著『大学教授の移動研究：学閥支配の選抜・配分のメカニズム』東信堂、一九九〇年。

鷲田小彌太著『大学教授になる方法――実践篇』青弓社、一九九一年。

天野郁夫著『学歴の社会史』新潮社、一九九二年。

西部邁著『学者　この喜劇的なるもの』草思社、一九八九年。

有本章編『大学評価と大学教授職：大学教授職国際調査(一九九二年)の中間報告』広島大学大学教育研究センター、一九九三年(高等教育研究叢書 広島大学大学教育研究センター[編]二一)。

京都大学高等教育教授システム開発センター編『開かれた大学授業をめざして――京都大学公開実験授業

の一年間』玉川大学出版部、一九九七年九月。
児玉善仁・別府昭郎・川島啓二編『大学の指導法』東信堂、二〇〇四年一月。
立花隆著『東大生はバカになったか』文藝春秋、二〇〇四年三月。

あとがき

はじめに、本書を書いた心構えについて、一言述べておきたい。私は、奥歯にものの挟まったような表現を出来るだけ避けたいと思っている。そういったものの言い方をする人間を好まない。明確に決断したいし、決断したことは実行したいと考えている。レトリックではなく曖昧にものを言うのが、政治の世界でも教授の世界でも、流行している。しかし、このような態度は避けたいと念願している。したがって、できるだけ、イニシャルもつかわないように努力した。

ところで、現在世界の大学は、改革の最中にある。変革を促している要因は、大別して三つあると言って間違いない。

その一は、近代国民国家は、制度疲労を起こして、賞味期限がきれつつあることである。本文にも書いたが、ヨーロッパ連合が結成され、共同通貨ユーロがつくられ、イギリスを除くＥＵ諸国で通用している事実は、そのことを如実に示している。ＥＵ諸国の大学では、単位制が導入され、Ｅ

U諸国内のどこの大学で学んでもその単位は学修に換算されることになっている。日本でも、政府による護送船団方式は廃棄され、大学の自由が増大しているように見える。その反面、大学の自己責任が問われるようになっている。

第二は、市場原理である。世界の大学を席巻しているのは、市場原理であるかのように見える。効率のよい、無駄のない合理的な大学運営が求められる。ドイツにおける大学改革も、日本の国立大学の法人化も、第一の理由と第二の理由との複合によるところが大きい。

第三は、一九・二〇世紀的な学問の枠にはまりきらない学問領域がどんどん出現してきている。生命科学や環境学、情報科学や宇宙科学などはその典型であろう。

以上三つの要因を挙げた。

歴史的に考えれば、大学の組織原理は基本的に学問の原理であると言えよう。大学は学問の組織体と見なすことができる。学問の原理は、基本的に非営利組織の原理である。

いま大学の世界で起こっていることは、市場原理と学問の原理、非営利組織の原理との闘争であると言って間違いない。もちろん、学問研究の成果として特許をとり、企業と合同で莫大な利益をあげることも不可能ではない。しかし、それは、理学、工学、生命科学など限られた学問領域にすぎない。少々の利益をあげたからと言って、中世以来大学が持ち続けてきた非営利組織という性格が、全面的に変わるわけではない。

二一世紀初期の大学は、日本の大学に限らず、自己変革を賭けた「伝統的学問の原理・非営利組織」と「市場原理」との闘争の場になっていることは間違いなさそうである。現在は市場原理が優勢にあるように見える。しかし、事態は簡単に「市場原理の勝利」とはならないであろう。私個人は、両原理の闘争の過程を経て、学問の原理・非営利組織の原理を基本にした新しい大学の構成原理ができあがってくると予想している。大学は、長い歴史のなかで、一度たりとも、営利機関としての性格をもったことがないからである。最近の産学協同にしてもＴＬＯにしても、利益の一部を大学に還元する仕組みにすぎないのであって、大学が営利機関になったのではない。

私は、『ドイツにおける大学教授の誕生』（創文社、一九九八年）の「あとがき」において、「多くの人が、大学教師にたいする根拠のない尊敬とか軽蔑ではなく、歴史的事実にそくした的確な情報とそれに基づいた大学教師像を作り上げるとともに、大学教師自身が自分の職業のルーツを確認し、自己の職業像を形成し、職業実践に励みになるものを見いだしていただければ、筆者の大いなる喜びとするところである」と書いた。この著作が、歴史編・原理編だとすれば、本書は、応用編・実践編ということになろう。興味をお持ちの方は、両者をお読み願えれば幸いである。

本書のゲラが出た段階で、奈良文化女子短期大学助教授の吉村日出東氏に読んでもらい、言葉を補った方が理解しやすい箇所や理解しにくい専門用語などを指摘してもらった。本書が少しでも読みやすくなっているとすれば、それは吉村氏のアドバイスによるところが大きい。特に記して、感謝の意を表す次第である。

最後になったが、出版事情が厳しい中で、本書の出版を快く引き受けて下さった東信堂社長の下田勝司氏と編集を担当された向井智央氏には感謝の言葉もない。特に、ゲラの段階でいくつか書き足したので、大いなる迷惑をかけたのではないかと恐れている。お許しあれ。

二〇〇五年一月一八日

別府　昭郎

人名索引

ア行

カ行

サ行

タ行

チ

テ

ト

ナ

ニ

ノ

ハ

ヒ

ス

セ

ソ

タ

事項索引

著者紹介

別府　昭郎（べっぷ　あきろう）

略　歴

1945年　宮崎市小林市生まれ。

1968年３月　広島大学教育学部教育学科卒業ののち、修士課程、博士課程（西洋教育史）退学（単位修得）を経て、

1973年４月　明治大学文学部助手となる。その後、専任講師、助教授を経て、

1989年４月　明治大学文学部教授。教職課程主任。サッカー部長。

この間、ミュンヘン大学で大学史の研究に従事する（1982-1983）とともに、日本女子大学人間社会学部非常勤講師（〜1997年３月）、名古屋大学大学院教育学研究科非常勤講師（ドイツ大学史担当）、上智大学文学部非常勤講師を歴任。

学　位

博士（教育学）広島大学

主な著書

『道徳教育の現状を動向――世界と日本』（共著）1982年10月「国立教育研究所内道徳教育研究会編」ぎょうせい

『西ドイツにおける事実教授の教科書分析』（共著）1987年３月、ぎょうせい

『生活科への提言』（共著）1992年１月、ぎょうせい

『教育実習57の質問』（共著）、1992年４月、学文社

『明治大学史　第３巻』（共著）、1992年10月、明治大学

『西洋教育史』（共著）1994年５月、福村出版

『ドイツにおける大学教授の誕生』（単著）1998年３月、創文社

『明治大学の誕生』（単著）1999年４月、学文社

『大学史を作る』（共著）1999年６月、東信堂

『大学の指導法』（共著）2004年１月、東信堂

その他、教育や大学に関する論文が多数ある。

Berufsethik der Professoren

大学教授の職業倫理

2005年４月25日　　初　版 第１刷発行　　〔検印省略〕

＊定価はカバーに表示してあります

著者 © 別府昭郎　発行者 下田勝司　　印刷・製本　中央精版印刷

東京都文京区向丘 1-20-6 郵便振替 00110-6-37828　発行所
〒113-0023　TEL (03) 3818-5521(代)　FAX (03) 3818-5514　株式会社 東　信　堂
E-Mail tk203444@fsinet.or.jp

Published by **TOSHINDO PUBLISHING CO., LTD.**
1-20-6, Mukougaoka, Bunkyo-ku, Tokyo, 113-0023, Japan

http://www.toshindo－pub.com/

ISBN4-88713-613-7 C3037 ©A. BEPPU

東信堂

東京裁判から戦後責任の思想へ〔第四版〕　大沼保昭　三二〇〇円
〔新版〕単一民族社会の神話を超えて　大沼保昭　三六八九円
なぐられる女たち—世界女性人権白書　米国国務省 有澤・小寺・鈴木・米田訳　二八〇〇円
国際人権法入門　T・バーゲンソル 小寺初世子訳　二八〇〇円
摩擦から協調へ—ウルグアイラウンド後の日米関係　中川淳司 T・ショーエンバウム編著　三八〇〇円
不完全性の政治学—イギリス保守主義思想の二つの伝統　A・クイントン 岩重政敏訳　二〇〇〇円
入門 比較政治学—民主化の世界的潮流を解読する　H・J・ウィーアルダ 大木啓介訳　二九〇〇円
国家・コーポラティズム・社会運動—制度と集合行動の比較政治学　桐谷仁　五四〇〇円
ポスト社会主義の中国政治—構造と変容　小林弘二　三八〇〇円
クリティーク国際関係学　関下稔・永田秀樹・中川涼司編　二二〇〇円
軍縮問題入門〔第二版〕　黒沢満編著　二三〇〇円
時代を動かす政治のことば—尾崎行雄から小泉純一郎まで　読売新聞政治部編　一八〇〇円
明日の天気は変えられないが明日の政治は変えられる　岡野加穂留　二〇〇〇円
ハロー！衆議院　衆議院システム研究会編　一〇〇〇円

〔現代臨床政治学シリーズ〕
リーダーシップの政治学　石井貫太郎　一六〇〇円
アジアと日本の未来秩序　伊藤重行　一八〇〇円

〔現代臨床政治学叢書・岡野加穂留監修〕
村山政権とデモクラシーの危機　岡野加穂留 藤本一美編　四二〇〇円
比較政治学とデモクラシーの限界　岡野加穂留 大六野耕作編著　四二〇〇円
政治思想とデモクラシーの検証　岡野加穂留 伊藤重行編著　三八〇〇円

〔シリーズ〈制度のメカニズム〉〕
アメリカ連邦最高裁判所　大越康夫　一八〇〇円
衆議院—そのシステムとメカニズム　向大野新治　一八〇〇円
WTOとFTA—日本の制度上の問題点　高瀬保　一八〇〇円

〒113-0023　東京都文京区向丘１—20—６　☎03(3818)5521　FAX 03(3818)5514　振替 00110-6-37828
E-mail:tk203444@fsinet.or.jp

※定価：表示価格（本体）＋税